Staats- und sozialwissenschaftliche Forschungen

herausgegeben

von

Gustav Schmoller und **Max Sering.**

Heft 137.

Georg Jäger, Das englische Recht zur Zeit der klassischen Nationalökonomie und seine Umbildung im neunzehnten Jahrhundert.

Leipzig.
Verlag von Duncker und Humblot.
1909.

Das englische Recht zur Zeit der klassischen Nationalökonomie

und

seine Umbildung im neunzehnten Jahrhundert.

Von

Georg Jäger,
Königsberg.

Leipzig,
Verlag von Duncker & Humblot.
1909.

Inhalt.

I.

Einleitung. Das Verständnis des Rechtes der Gegenwart und das englische Recht.

Das Recht ist geschichtliche Tatsache, juristische Form eines ökonomischen Inhaltes und Gedanke. Die Rechtsbildung ist ein historischer, ein ökonomischer und ein geistiger Prozeß. Dem dreifachen Wesen des Rechtes, dem Verhältnis seiner geistigen Natur zu seiner positiven Gestalt und seinen wirtschaftlichen Ursachen und Wirkungen entspringen die Probleme der Rechtsphilosophie. Sie sind zugleich die eigentlichen Probleme der Rechtsgeschichte. Denn Gegenstand der Rechtsgeschichte sind nicht nur einzelne Rechtstatsachen, sondern ist das Recht als Recht. Seine Form und seinen Inhalt mag es ändern, sein Begriff und sein Wesen bleiben die gleichen, so daß seine dreifache Natur in jedem Rechtszustande wiederkehrt. Durch die Beschreibung des äußeren geschichtlichen Entwicklungsganges kann weder das materiell-ökonomische noch das geistig-sittliche Wesen des Rechtes erklärt werden. Wirtschaftsgeschichte und Geistesgeschichte sind also notwendig mit einer Rechtsgeschichte verbunden, die das Objekt in seiner wahren vollständigen Gestalt ins Auge faßt. Sie trennen ist ein unentbehrlicher methodischer Notbehelf: man isoliert die Stoffe, um sie zunächst einzeln zu beherrschen. Aber wer in dem Resultate eines solchen isolierenden Verfahrens das letzte Ziel der Erkenntnis sieht, verwechselt Mittel und Zweck, kehrt das wahre Verhältnis um und unterwirft die Wirklichkeit und ihren Zusammenhang einem methodischen Grundsatz, statt das Erkenntnisprinzip dem Wesen des Objektes anzupassen.

Die Rechtsgeschichte ist ein unentbehrliches Hilfsmittel der Rechtsphilosophie, der kritischen Erkenntnis des Rechtes, weil das Recht veränderlich ist: der gleiche Vorgang, den der Geist heute als Recht empfindet, erschien früher als Unrecht. Recht, ökonomische Wirklichkeit und Rechtsanschauungen bilden einen Gesamtzustand geistiger und materieller, allgemeiner und individueller Art, der als Glied einer zusammenhängenden Entwicklung Gegenwart ist, aus der Vergangenheit stammt, die Zukunft bestimmt. Ein Rechtszustand ist nicht nur ein Konglomerat, ein Niederschlag oder eine Schichtung verschiedener Rechtssysteme, das Resultat von Kämpfen und Verträgen nationaler oder historischer Rechtsideen und personifizierter Rechtsgeister, sondern führt sein eigenes Leben. Und dies Leben, die Einheit des Organismus, das Zusammenwirken seiner Elemente ist es, was der Erklärung bedarf. Um das gegenwärtige Recht zu verstehen, genügt es nicht das eigene Denken, das Bewußtsein und die Institutionen der Gegenwart in ihre geschichtlichen Elemente zu zerlegen und die einzelnen Rechtstatsachen und Teilinhalte des Bewußtseins durch die Kette gleichartiger zusammenhängender Erscheinungen auf einen Anfang zurückzuführen. Der scheinbare Anfang ist selber das Ergebnis einer entfernteren, dunkeln Vergangenheit, keine Endursache, bei der das kausale Verlangen des Geistes ruhen könnte, das Ende der Erkenntnismöglichkeit, nicht der Erklärungsbedürftigkeit. Wenn die natürliche Einheit des lebenden Organismus zerrissen wird, werden die Erscheinungen aus dem Zusammenhange, der ihre Wirkungsweise bestimmt, losgelöst: tote Ursachen, isolierte Nachwirkungen der Vergangenheit treten in der Theorie an die Stelle lebendiger Kräfte.

Die äußere geschichtliche Ableitung vermag die Empfindung der Rechtmäßigkeit oder Notwendigkeit eines Rechtszustandes, die den Vorstellungen zwingende Gewalt gibt, nicht zu erklären. Die Erkenntnis der Notwendigkeit einer Tatsache, die allein auf inneren Ursachen beruhen kann, bleibt das unverrückbare Ziel wissenschaftlicher Erkenntnis. Das tatsächliche Dasein erzeugt nicht immer das Gefühl der Notwendigkeit eines Zustandes oder einer Vorstellung. Im Gegenteil, die rechtliche oder ökonomische Wirklichkeit widerspricht häufig dem Gesetze der sittlichen oder vernünftigen Notwendigkeit. Davon aber kann nicht die Rede sein, daß der Notwendigkeit der Tatsachen die Freiheit der Idee gegenüberstände. Denn das Dasein der Idee ist ebenfalls Wirklichkeit. Die Empfindung der sittlichen oder vernünftigen Notwendigkeit ist die subjektive, geistige Form objektiver Notwendigkeiten. Reiht die Idee sich nicht in einen solchen Kausalzusammenhang ein, dann bleibt ihre Wirkungsfähigkeit unverständlich. Notwendigkeit steht gegen Notwendigkeit, und wer der Freiheit zu dienen glaubt, steht unter dem Gesetze einer realen, objektiven Notwendigkeit so gut wie der Feind, den er bekämpft.

Das Gegeneinanderwirken verschiedener Kausalzusammenhänge ist das Rätsel der sozialen Wissenschaft. Das positive Recht ist nicht das Werk von Rechtsideen, sondern diese bilden sich an den Rechtstatsachen. Sind aber die Rechtsideen entwickelt, dann wirken sie als selbständige Kraft. Sie legen an die rechtliche und ökonomische Wirklichkeit ihren eigenen Maßstab und suchen das Recht durch Gesetz oder Interpretation in ihrem Sinne umzubilden. Nach Zweck und Ursprung gehören Recht, Rechtsbewußtsein und Wirtschaft zusammen. Aber sie werden nicht nur zu getrennten Objekten der Beobachtung, sondern ihr Gegensatz ist die Ursache der beständigen Umbildung von Recht und Rechtsbewußtsein. Ihre ursprüngliche und notwendige Einheit löst sich auf; denn nur nachdem sie zerstört ist, kann sie als Zweck wirken.

Erkenntnis des eigenen Wesens, des eigenen Lebens und seiner Gesetze bleibt das höchste Erkenntnisziel der Menschen. Ihm dient die Erkenntnis der Außenwelt. Das Wesen von Recht und Rechtsbildung, Staat und Staatsbildung zu begreifen ist die höchste Aufgabe geschichtlicher Forschung. Das Recht ist trotz seiner Wandelbarkeit das dauernde Resultat der Geschichte, durch das das Einzelbewußtsein, das Einzeldasein, das gegenwärtige Volksleben, von dem das Einzeldasein umschlossen ist, in das allgemeine geschichtliche Leben eingegliedert werden und die Geschichte der Vergangenheit selbst erst zu einer unmittelbar empfundenen Wirklichkeit wird. Geschichte ist Rechtsbildung, die historische Forschung ein Organ des *γνῶθι σαυτὸν*, ein Mittel die Gegenwart und ihr Recht, das eigene Denken und die eigenen Rechtsvorstellungen zu begreifen und zu prüfen, eine Waffe des Verständnisses und der Kritik.

Wahrhaft verständlich ist nur das Leben, das dem eigenen verwandt oder gleichartig ist. Aber die persönliche, wie die gesellschaftliche Selbstbeobachtung beruht auf der Möglichkeit des Vergleiches und der Empfindung eines Kontrastes. Das eigene Innenleben wird empfunden, nicht erkannt. Erst der Zusammenstoß verschiedener Rechtssysteme und Wirtschaftsformen ließ das bewußte juristische und ökonomische Denken erwachen und stellte dem Geiste ein Objekt gegenüber, das Bestandteil einer Außenwelt war und, indem es das eigene Innenleben der Beobachtung zugänglich machte, die Eigenart der nationalen, gegenwärtigen Rechtsinstitutionen und Rechtsvorstellungen erkennen ließ.

In der Empfindung der Übereinstimmung mit dem Inhalte und den Gesetzen des eigenen Lebens und Denkens besteht das Gefühl der Notwendigkeit. Ein geistiger Besitz, der das Resultat einer Entwicklung ist, von der das eigene Dasein umschlossen ist, kann unmittelbar diese Empfindung erzeugen. Aber im Recht und Rechtsbewußtsein finden fremde Stoffe Eingang; und wie vermag ein Stoff die Festigkeit und das geistige Wesen eines wahren Rechtes zu gewinnen, der nicht nur durch seine äußere Herkunft der Vergangenheit oder einem fremden Volksleben entstammt, sondern gerade wegen seines Gegensatzes zu der Gegenwart oder dem nationalen Rechte als fremder empfunden wird? Der bloße

Hinweis auf den äußeren Verlauf des geschichtlichen Vorganges unterschlägt die Antwort auf das Problem. Die Tatsache der Rezeption beweist einen Parallelismus der Entwicklung, während die Schranken der Rezeption und die Umbildung eines rezipierten Rechtes die Grenzen der Gleichartigkeit der Entwicklung erkennen lassen.

Die drei folgenreichen Rezeptionen, die die Rechtsgeschichte der westeuropäischen Völker kennt, die Rezeption des römischen Rechtes, der liberalen Wirtschaftspolitik und Nationalökonomie und des parlamentarischen Staatsrechtes hängen innerlich zusammen. Wirtschaftlicher und politischer Liberalismus waren Verbündete, die gleichen Klassen sehen in ihnen das der bürgerlichen Gesellschaft angemessene politische und ökonomische System. Die Prinzipien des römischen Rechtes absolutes, individualisiertes Eigentumsrecht und Vertragsfreiheit bilden die juristischen Voraussetzungen der klassischen Nationalökonomie, die Rechtsgrundlage der bürgerlichen, kapitalistischen Gesellschaft, deren ökonomisches Wesen und Denken jene beschreibt. Unabhängig vom römischen Rechte hatte das englische Recht, der wirtschaftlichen Entwicklung folgend, gleichartige Institutionen und Grundsätze ausgebildet.

Soweit die Annahme der liberalen Volkswirtschaftslehre zugleich eine Rechtsrezeption war, war sie in Deutschland und Frankreich durch das römische Recht vorbereitet. Das Bedürfnis einer Anlehnung an das verwickelte, unsystematische, historisch gebundene englische Privatrecht, konnte nicht aufkommen, weil der Einfluß des römischen Rechtes längst feststand und seine geistige Überlegenheit, die Klarheit und Sicherheit, mit der die römisehen Juristen das Recht einer freien Verkehrsgesellschaft in allen seinen Konsequenzen durchdacht und die Vorstellungen der idealen Rechtspersönlichkeit einer solchen Gesellschaft ausgelegt hatten, es vor einem konkurrierenden Einfluß des englischen Privatrechtssystems sicherten, das nur auf das internationale Verkehrsrecht und durch dieses auf das Handelsrecht einwirkte. Aber die Prinzipien des römischen Rechtes gelangten im deutschen Wirtschaftsleben erst zu voller Wirksamkeit, als die Grundsätze der englischen und französischen liberalen Volkswirtschaftslehre die Herrschaft gewannen.

Die konstitutionelle Staatslehre und die liberale Nationalökonomie sind ein Erzeugnis der gleichen Zeit und des gleichen Bodens. Bei Locke, dem ältesten Klassiker des Liberalismus, sind die politischen, juristischen und wirtschaftlichen Anschauungen des Liberalismus zu einem System, ja durch die Verbindung mit adäquaten theologischen und philosophischen Gedanken zu einer Weltanschauung vereinigt. In der ersten Hälfte des 18. Jahrhunderts erhielten die

Axiome der parlamentarischen Doktrin in England die Gestalt, in der sie fortlebten, in der zweiten Hälfte wurde das politische, juristische und ökonomische System abgeschlossen; auf dem gleichen Boden der tatsächlichen englischen Zustände und des englischen Liberalismus stehen das grundlegende Werk der englischen Verwaltungslehre, Burns The Justice of the Peace and Parish officer (1755), Blackstones Commentaries on the Laws of England (1765), das System der klassischen englischen Jurisprudenz, und das erste der großen Werke der klassischen Nationalökonomie, Smith' The Wealth of Nations. Alle drei sind Erzeugnisse der gleichen Epoche: sie enthalten jedes auf seinem Gebiete das Resultat der vergangenen, die Grundlage der weiteren Entwicklung. In England lehnt sich der Ausbau von Verwaltungsrecht und Verwaltung, Rechtswissenschaft und Recht, Wirtschaftslehre und Wirtschaftspolitik bis auf die Gegenwart an jene monumentalen Werke an. Sie sind unschätzbare Quellen für das Verständnis der geschichtlichen Entwicklung Englands. Hervorgebracht in einer Zeit der Ruhe nach dem Ausgleich der Verfassungskämpfe und der Konsolidation der Herrschaft der Grundaristokratie und der höheren Schichten des Bürgertums, sind sie authentische Urkunden von Anschauungen, die wie die Zustände, in denen diese wurzeln, der Niederschlag der Vergangenheit waren und die Keime der Zukunft in sich bargen. Durch sie wurde der Einfluß der englischen Volkswirtschafts- und Verwaltungslehre auf Deutschland wissenschaftlich zum großen Teil vermittelt.

Institutionen und Theorien werden als die Verwirklichung von Ideen dargestellt: das englische Recht als Verwirklichung des natürlichen Rechtes, die liberale Wirtschaftsordnung als das System der wirtschaftlichen Freiheit, die englische Verfassung als die Verkörperung des Prinzips der konstitutionellen Monarchie, die Selbstverwaltung als die Ausführung des „kerngesunden Gedankens des Mittelalters die rechtliche Stellung der höheren Klassen der Gesellschaft auf ihre Leistungen im persönlichen Dienste des Staates und auf ihre Steuerleistungen zu stellen". Aber der Spiegel des Systems wirft das Bild der geschichtlichen, gesellschaftlichen Außenwelt verkehrt zurück. Die Idee wurde aus den Tatsachen abstrahiert, nachträglich in diese und ihre Entstehung hineingelegt und ihr eine kausale Kraft zugeschrieben, die sie in den realen Machtkämpfen nie besaß. Die Theorie beschrieb die Wirklichkeit, die sie geschaffen zu haben und zu beherrschen vorgab, und war doch selber nur ihr geistiges Erzeugnis und Abbild.

Die englische Rechtswissenschaft ist sich ihrer historischen Gebundenheit bewußt: sie beschreibt das positive, tatsächliche Recht, das sie dann apologetisch auf eine universale ideelle Grundlage zu stellen sucht. Die klassische Nationalökonomie dagegen tritt als die Lehre des wirtschaftlichen Fortschritts auf und scheint also mehr zu sein als der Ausdruck der Wirklichkeit. Indes sie steht auf dem Boden des Empirismus. Die dialektische abstrakte Form, die sie schließlich annahm, ist nur der geistige Ausdruck der absoluten Sicherheit eines Denkens, das in dem Glauben an seine absolute, objektive Notwendigkeit befangen war. In der Nationalökonomie hat die Dialektik, so wenig wie auf irgend einem anderen Gebiete des Denkens, die Grundbegriffe geschaffen: sie operiert nur mit ihnen, sobald sie unter dem Einflusse der Wirklichkeit die Festigkeit von Axiomen gewonnen haben. Die klassische Nationalökonomie will keine Forderungen erheben, sondern Tatsachen beschreiben: die realen, wirksamen Gesetze des ökonomischen Lebens, wie es sich mit innerer Notwendigkeit gestaltet. Recht und staatliche Politik sollen sich ihnen freiwillig anpassen und auf zwecklose Versuche verzichten, weil sie doch in der Wirklichkeit ihren Meister finden.

Die parlamentarische Regierungsweise war das Resultat der politischen Ermattung, die ihr entsprechende Doktrin ein Kompromißgedanke. Die Ideen, an die man in den Verfassungskämpfen appellierte, zeigen ein weit radikaleres Gepräge als die sogenannte Idee des Konstitutionalismus: die Idee der Volkssouveränität, der Grundsatz der Allgewalt des Parlamentes oder des Königs bewegten in den wirklichen Kämpfen das politische Denken und Wollen. Die konstitutionelle Lehre beschreibt die Regierungsweise, die Walpole praktisch handhabte. Diese war nicht das Werk einer Staatskunst, die die Formen des staatlichen Lebens nach Ideen oder politischen Grundsätzen gestaltete, sondern ein Notbehelf der Schwäche, den das Gefühl der Unsicherheit, die geheime Furcht vor der Mißstimmung und Gärung des Volkes eingab. Sie nahm an dem unwahren, fiktiven Wesen der Institutionen des englischen Staates teil: durch den Einfluß der Regierung wurde die Mehrheit des Unterhauses tatsächlich geschaffen und nicht, wie dies die sogenannte Idee des Parlamentarismus verlangte, die Regierung durch die Mehrheit des Unterhauses. Die Theorie beschrieb den tatsächlichen Schein. Nur als Zweck kann eine Idee im politischen Handeln wirksam werden. Der Zweck der leitenden Staatsmänner in der Blütezeit des Parlamentarismus war nicht die Schöpfung einer idealen Staatsform, sondern die Sicherung des Werkes von 1689, die Befestigung der Herrschaft der grund- und kapitalbesitzenden Klassen. Ihm diente, wie die gesamte innere Politik, so auch die Organisation der formell durch das Einvernehmen mit der Mehrheit des Unterhauses gestützten Ministerialregierung auf der Grundlage der politischen Korruption. Die Rezeption des ausgebildeten parlamentarischen konstitutionellen Systems war also eine durch den theoretischen Schein vermittelte Annahme der Regierungsweise Walpoles und seiner Nachfolger. Die praktische Handhabung des Systems erforderte stets ähnliche Mittel wie die, deren sich der Minister Georgs I. bediente, und stets waren die polititschen und gesellschaftlichen Voraussetzungen, Wirkung und Geist des Systems die gleichen, wie in der Zeit seines Ursprungs.

Die Frühlingszeit des Parlamentarismus war die Zeit der Vollendung der englischen Selbstverwaltung, deren äußere Organisation Burn schildert. In dem Idealbild, das Gneist von ihr entwarf, erscheint sie als der wertvolle Kern der englischen Verfassung, die Ursache der Stärke des englischen Staates, die ihn befähigte, die tiefsten wirtschaftlichen und geistigen Umwälzungen ohne revolutionäre Erschütterung zu überstehen und den gewaltigsten Kampf seiner Geschichte, den Kampf gegen die kriegerische, politische wirtschaftliche Macht und den geistigen Einfluß Frankreichs erfolgreich durchzufechten, als die Verwirklichung der Harmonie der englischen Verfassung, die organische Verbindung von Staat und Gesellschaft, als Lösung des Problems, die lokale Verwaltung in den Organismus des Staates einzugliedern, sie in einen festen Zusammenhang mit der Zentralregierung zu bringen und doch unabhängig von den wechselnden Strömungen des Parteiregimentes zu halten, als gelungener Versuch im Parlamente die Verwaltungskörperschaften zusammenzufassen und so eine praktische Einheit von Gesetzgebung und Verwaltung herzustellen. Vergebens wird man sich in der englischen konstitutionellen Theorie nach verwandten Gesichtspunkten und Gedanken umsehen. Im Gegenteil wird dort im Vergleich mit den Verfassungsformen die Verwaltung für etwas gleichgültiges erklärt, die Ansicht des Essay on Man For forms of government let fools contest, Whate'er is best administered is best zurückgewiesen. Die Lehre von der Teilung der Gewalten, ein Fundamentalsatz der konstitutionellen Doktrin, widerspricht dem Gedanken einer Einheit von Gesetzgebung und Verwaltung. Will man also den Einklang von Wirklichkeit und Gedankenbild nicht völlig zerstören, will man nicht das Bewußtsein selbst im Widerspruche mit seiner vernünftigen Natur zu einem Gewebe latenter Zwecke und Ideen machen, dann muß man die Einheit der englischen Gesamtverfassung an dem Punkte suchen, wo bewußte und unbewußte apologetische Rücksichten die Wahrheit hinter einem Schleier von Illusionen und Fiktionen verschwinden ließen: die englische Verfassung war die Organisation der Aristokratie in Parlament und Verwaltung. Deshalb zeigte sich der Beginn der Auflösung bereits damals an den Stellen, wo die politisch-administrative Organisation der grundbesitzenden

Aristokratie zu enge wurde für die wirtschaftliche Entwicklung und sich mit dem sozialen Aufbau des Volkes nicht mehr deckte: in dem Verfalle der städtischen Verwaltung und der Schwäche der Ortsgemeinden und ihrer Organe neben der Energie der Grafschaftsverwaltung.

Das politische System Englands trug seit der zweiten Revolution den Charakter der Stagnation[1]. Die Ziele der inneren Politik: Pflege und Schonung der Interessen und Vorurteile der herrschenden Klassen und Ausgleich ihrer Ansprüche, änderten sich durch Walpoles Sturz nicht; Quieta non movere blieb der Kern der Regierungsweisheit; die notwendigen und längst als notwendig erkannten Reformen, die Reform des Strafrechtes, der Unterhauswahlen, der kirchlichen Verfolgungsgesetze wurden immer wieder verschoben; in der äußeren Politik schrieb eine feste politische Tradition den Staatsmännern die Zwecke und Grundlinien ihres Verhaltens vor. Nicht nur in der technischen Schwerfälligkeit der parlamentarischen Maschine, wie der Jurist Blackstone glaubt, wenn er die Stagnation der englischen Gesetzgebung mit der gesetzgeberischen Energie des absoluten preußischen Königtums vergleicht, liegt die Ursache des Stillstands der Rechtsbildung in einer Zeit reger ökonomischer Entwicklung. Die Gründe liegen tiefer. Auf der Bühne des Parlamentarismus bilden die Parteikämpfe die Handlung des Schauspiels; die Parteien gestalten das staatliche Leben. In der Blütezeit des Parlamentarismus hatte sich der innere Gegensatz der Parteien ausgeglichen[2]. Die alten Symbole, die Lehre vom unverwirkbaren Recht des Königs und vom Widerstandsrechte des Volkes waren ehrwürdige Reliquien ohne praktischen Wert. Weder in der inneren noch in der äußeren Politik läßt sich eine grundsätzliche Verschiedenheit von Wighs und Tories entdecken, selbst der Gegensatz von Interessen des Grundbesitzes und des mobilen Kapitals verwischte sich. Die Wighs hielten an einem Wahlrecht fest, das den torystischen Grundsatz der Herrschaft des Grundbesitzes verwirklichte, die ersten Regungen der Freihandelspolitik sind torystischen Ursprungs. Einig in dem Entschlusse, die bestehende wirtschaftliche und politische Machtverteilung zu erhalten, waren die großen Parteien Gruppen, die das persönliche oder

---

[1] Vgl. Leeky, History of England I 473. Dort zahlreiche Belege.

[2] Der Synkretismus der Parteien ist eine bekannte Tatsache, die sich aus dem Verlaufe der Geschichte und den zahlreichen Flugschriften und Traktaten, die sich mit dem Problem des Charakters der Parteien beschäftigen, ergibt: abschließend Hume, essay 9, der die wirtschaftliche Einigkeit der Parteien unter anderem ausspricht: There has been an attempt in England to divide the landed and trading part of the nation but without success. Der unten erwähnte torystische Grundsatz stammt aus früherer Zeit: law in a free country is or ought to be the determination of the majority of those who have property in land.

Fraktionsinteresse zusammenhielt, Regierungspartei und Opposition, court party und country party, wie eine veränderte, inhaltslose aber treffende politische Terminologie sie nannte. Ohne Gegensatz der Ziele machten sie sich den Genuß der Macht streitig. Ihr Unterschied bestand nur noch in dem verschiedenen Maße von Geschick und Tatkraft ihrer Führer. Ist nun der Parteikampf die Form des politischen Lebens, dann bedeutet seine Inhaltslosigkeit die Entleerung und Erstarrung des politischen Wollens. Der lärmende Streit auf der parlamentarischen Bühne erhielt, wie das Staatsrecht, einen fiktiven Charakter. Wie die politische Organisation sich von der Struktur des Volkes loszulösen begann, so sonderte sich auch die Parteibildung von den wahren Gegensätzen des Volkslebens und den wirksamen sozialen Antagonismen, die bei der Passivität und Rechtlosigkeit der Massen noch unter die Oberfläche zurückgedrängt wurden, aber bereits anfingen, die reale Entwicklung und das Bewußtsein zu beeinflussen und der politischen Theorie ihre versteckte apologetische Tendenz gaben.

Wie das römische Recht, so erhoben auch die klassische Nationalökonomie und das konstitutionelle Staatsrecht trotz ihrer historischen Bedingtheit den Anspruch der Allgemeingültigkeit und der absoluten Zweckmäßigkeit und vermochten ihn eine Zeit lang durchzusetzen, wenigstens in der wissenschaftlichen Theorie. Eine gleiche Rolle konnte das englische Privatrecht, und die englische Verwaltungslehre bei ihrer engen Verflechtung mit den positiven Rechtsinstitutionen des Landes nicht spielen. Aber tief und nachhaltig wirkte die englische Verwaltungslehre auf den preußischen Staat ein. In den wichtigsten Epochen der neueren preußischen Verwaltungsgeschichte wurde durch Vincke und Gneist auf die englische Selbstverwaltung hingewiesen als echtes Erzeugnis germanischer Rechtsideen im Gegensatze gegen das französische Verwaltungssystem, als Muster einer freiheitlichen, auf der aktiven Teilnahme der Bürger am Staatsleben aufgebauten Verwaltungsweise. In der wissenschaftlichen Theorie ging eine zeitlang das Verständnis für das eigenartige Wesen des preußischen Staates und seiner Verwaltung, wie es in dem Werke und den Gedanken seiner großen Organisatoren, namentlich Friedrich Wilhelms I., Gestalt zu gewinnen suchte, verloren. Wollte man die Verschiedenheit und Gleichartigkeit der Entwicklung der beiden Völker prüfen, dann könnte man Burns Verwaltungslehre die norddeutsche Kameralistik, Blackstones Rechtssystem das preußische Landrecht zur Seite stellen. Dabei zeigt sich die inhaltliche Vielseitigkeit der Kameralistik. Sie bildet ein Seitenstück nicht nur zu der englischen Verwaltungslehre, sondern auch zu der klassischen Nationalökonomie; sie enthält eine selbständige, autochthone Volkswirtschaftslehre, die sich von dem Verwaltungsrecht nicht losgelöst hat, ein Kennzeichen des sozialistischen Charakters des norddeutschen Territorialstaates, des unmittelbaren Einflusses, den der Staat auf das Wirtschaftsleben ausübte. Aber die Keime einer autochthonen Nationalökonomie entwickelten sich nicht zu einer Wissenschaft, weil sie der wissenschaftlichen Überlegenheit der englischen Nationalökonomik erlagen, die einen Verbündeten in der wirtschaftlichen Entwicklung und dem Bilde der ökonomischen Macht Englands hatte, und weil der Kameralistik der Zusammenhang mit dem allgemeinen wissenschaftlichen Denken fehlte. Sie lebten wenig beachtet in den Ideen staatssozialistischer Denker fort, die als unpraktische Utopien ein ohnmächtiges Dasein zu führen schienen, bis unter dem Drucke wirtschaftlicher Verhältnisse die sozialistischen Grundsätze des deutschen Rechtes in veränderter, kaum mehr erkennbarer Gestalt erwachten, aufs neue Gesetzgebung und Staatsauffassung beeinflußten und eine kritische Prüfung der grundlegenden Rechtsinstitutionen und Rechtsprinzipien der individualisierten Verkehrsgesellschaft förderten.

Auch das konstitutionelle Staatsrecht traf in Preußen auf eine kräftige autochthone Staatsbildung: in ihr lebte ein nationales deutsches Staatsrecht und nicht in der Reichspublizistik des 17. und 18. Jahrhunderts, die neuerdings wieder gelegentlich als Wissenschaft des deutschen Staatsrechtes gefeiert wird, als ob Pufendorf und Treitschke niemals ihren Spott über die vermoderte, unwahre Weisheit der Perücken des heiligen römischen Reiches ausgegossen hätten. Als der Parlamentarismus seinen Siegeszug durch Europa hielt, entzog sich der preußische Staat seinem Einfluß nicht. Aber er beschränkte sich darauf, bestimmte Einrichtungen zu rezipieren; er erkannte als Recht nur an, was in Preußen Gesetz wurde; den Versuch, das parlamentarische Staatsrecht, das sich zu einem Rechtssystem mit zahlreichen formellen und inhaltlichen Konsequenzen ausgewachsen hatte, einzuschwärzen, wies er zurück. Nur mühsam befreite sich die Geschichtsforschung von einer durch politische Gesichtspunkte beeinflußten verfassungsgeschichtlichen Tradition. Es dauerte lange, bis sie das eigenartige Gesetz einer autochthonen Staatsbildung, die durch fremde Einflüsse mitbestimmt, aber nicht in ihrem tiefsten Wesen verändert war, zu verstehen und es aus der eigenartigen Entwicklung des rechtlich und staatlich organisierten Volkslebens, seinen besonderen geschichtlichen und ökonomischen Grundlagen und den in und neben dem positiven Rechte wirksamen Rechtsanschauungen zu erklären suchte.

II.

Der Charakter des wissenschaftlichen Denkens in der Entstehungszeit der parlamentarischen Lehre, des Systems des englischen Rechtes und der klassischen Nationalökonomie.

Zwischen der älteren, englischen Staatswissenschaft und den differenzierten Systemen aus der zweiten Hälfte des 18. Jahrhunderts steht Hume: er vertritt das Denken einer Zeit, in der sich das politische und volkswirtschaftliche System Englands konsolidierte. Er besaß noch die Vielseitigkeit der älteren Periode. Mit philosophischen, psychologischen, religionswissenschaftlichen Untersuchungen verband er volkswirtschaftliche, historische, politische Forschungen und wußte sie einer einheitlichen Betrachtungsweise zu unterwerfen. Seine Ideen charakterisieren die Begriffe und die politischen und sozialen Anschauungsformen seiner Zeit, die Art, wie sich das Bewußtsein mit der staatlichen und gesellschaftlichen Wirklichkeit auseinandersetzte.

Humes politische Essays entstanden in den letzten Jahren von Walpoles Ministerium. Geschichtlich wertvoll sind sie gerade durch ihre Trivialität. In ihrer platten Nüchternheit, der die Kraft persönlicher Leidenschaft fehlt und alle Züge einer ausgesprochenen Individualität mangeln, sind sie das echte Abbild einer matten Zeit, die trotz der Heftigkeit des literarisch-politischen Streites und der Maßlosigkeit der Sprache die englische Publizistik mit keinem Werke von dauerndem Werte bereicherte, das sich an Schärfe politischer Beobachtung auch nur mit Bolinbrokes Pamphleten vergleichen ließe. Hume will das allgemeine Denken aussprechen, der Dolmetsch der öffentlichen Meinung sein, und es gelingt ihm in der Tat, dem Bewußtsein der herrschenden Klassen Worte zu leihen. In Humes Axiomen erkannten sie ein Abbild ihrer Vorstellungen, eine vertraute Melodie, die seitdem unzählige Male wiederholt worden ist. In den Prinzipien waren Freunde und Feinde des leitenden Ministers einig: Der übertriebenste Panegyrikus und die bittersten Invektiven klingen aus in dem Preise der englischen Verfassung.

Hume formulierte das liberale, konstitutionelle Glaubensbekenntnis: Die Freiheit verbürgt das Glück des Einzelnen wie des ganzen Volkes und ermöglicht die vollständige Entfaltung aller individuellen Kräfte. Sie wird verwirklicht durch eine freie Verfassung, die demnach Ursache und Bedingung sozialer Gerechtigkeit, sozialen Gedeihens, des Fortschritts und einer Kultur ist, deren Kern die Aufklärung, die Überwindung des Aberglaubens bildet. Das Wesen einer freien Verfassung besteht in der unbedingten Herrschaft allgemeingültiger Gesetze, in der Teilung der Gewalten, die dem Mißbrauch der Macht vorbeugt, und der richtigen Mischung von demokratischen, aristokratischen und monarchischen Elementen, in der Verbindung eines erblichen Königtums mit einem Adel ohne feudale Rechte und einer machtvollen Volksvertretung, wie sie in der englischen Verfassung besteht. Damit sind die Elemente gegeben, die das liberale Glaubensbekenntnis zusammensetzten: die Überschätzung der Verfassungsform und die absolute Vorbildlichkeit der englischen Konstitution[1].

Das konstitutionelle Idealbild war nicht nur eine Interpretation der öffentlichen Meinung, des äußerlich erkennbaren Bewußtseins der Gesellschaft: es war ein Abbild der sichtbaren staatlichen Wirklichkeit, und dieser Realismus, der sich begnügt, der Ausdruck der allgemeinen Stimmung zu sein, durchzieht Humes politische Gedankenwelt. Er spricht mit der größten Bestimmtheit die Grundsätze des konstitutionellen Formalismus und des Parteisynkretismus und mit ihnen das Prinzip der Stagnation des staatlichen Lebens aus: Wozu der Lärm? Es handelt sich nicht um einen Kampf pro aris et focis; in den politischen Grundsätzen sind die Gegner einig; „ein Tory ist ein Liebhaber der Monarchie, doch ohne der Freiheit untreu zu werden, ein Wigh ein Liebhaber der Freiheit, doch ohne sich von der Monarchie scheiden zu lassen[2].“ Aus der Natur des staatlichen Lebens geht die Parteibildung hervor; da dieses sich in dem Gegensatze von Autorität und Freiheit abspielt, müssen die Parteien diese ewigen, natürlichen, politischen Antagonismen vertreten. Ist ihr harmonischer Ausgleich, die vollkommene politische σύστασις erreicht, dann hat der Gegensatz der Parteien seinen Inhalt, ihr Ringen sein sachliches Ziel verloren. Die Aufgabe der Staatskunst ist, den bestehenden Zustand zu erhalten und die politische Kombinationsgabe mag sich höchstens die Frage vorlegen, ob er durch monarchische oder republikanische Tendenzen bedroht ist und wo demnach der Staatsmann die Bremse anlegen muß.

Zwei Jahre vor seinen politischen Essays hatte Hume

---

[1] Hume, Essays, Serie 1 (benutzt in der Ausgabe von 1793). Die Gedanken waren längst ausgesprochen, ehe Montesquieu ihnen ihre juristisch-abgeschliffene Form gab. Ihre Bestandteile werden immer wieder vermischt.

[2] essay 9.

seinen Treatise of Human Nature veröffentlicht. Er euthält alle Grundgedanken seiner Philosophie, wiewohl der Verfasser das Werk in der Vorrede zu der Inquiry Concerning Human Understanding förmlich zurückzog. Auf Lockes Gedanken fußen Humes philosophische Ideen wie seine politischen Überzeugungen: Krieg gegen die Metaphysik und die dialektische Begriffswissenschaft auf allen Gebieten menschlicher Erkenntnis ist der Zweck seiner erkenntniskritischen Untersuchungen: äußere oder innere Wahrnehmung sind die Elemente des Denkens; die Beobachtung objektiv gegebener Sinneseindrücke und die Analyse eines objektiv gegebenen Bewußtseinsinhaltes sind die einzigen Mittel wissenschaftlicher Erkenntnis. Locke schuf die Logik des Empirismus: allgemeingültige Urteile entstehen durch die Summierung von Einzelbeobachtungen. Hume wandte das gleiche Prinzip auf die Kausalitätsvorstellung an: die Erkenntnis des Zusammenhangs von Ursache und Wirkung beruht nicht auf der logischen Einsicht in die Notwendigkeit des Zusammenhangs zweier Vorgänge oder Gedanken, sondern auf der Erfahrung ihrer regelmäßigen, tatsächlichen Folge und auf ihrer gewohnheitsmäßigen Verknüpfung. Aus Sinnesempfindungen, die ihrer Natur nach individueller Art sind, entsteht das Denken, individuelle Urteile bilden die Erkenntnis, individuelle Interessen und Zwecke bewegen den Willen, der das Recht und das gesellschaftliche Gemeinleben gestaltet. Aber die Selbstherrlichkeit des Individuums ist nur Schein: Denn da die sinnliche Natur des Menschen überall und bei allen Individuen die gleiche ist, deckt sich die Analyse des eigenen Bewußtseins, wenn sie allgemeingültige Begriffe und Urteile ergeben soll, mit der Analyse einer Normalanschauung, die Objekt der äußeren Beobachtung ist und absolute Wahrheit besitzt, weil es keine andere erkennbare Wahrheit gibt. Sie ist das geistige Abbild der Natur, das unwillkürliche Erzeugnis einer Außenwelt, das sich in normale subjektive Eindrücke auflöst. Annahme von Eindrücken und Anpassung an Tatsachen ist demnach das Wesen von vernünftigem Denken und zweckmäßigem Handeln. Beides vollzieht sich nicht auf dem Wege der vernünftigen Einsicht in die gesetzmäßige Notwendigkeit und des freien sittlichen Entschlusses, sondern auf dem Wege der Gewöhnung.

Man könnte Humes Philosophie eine erkenntniskritische Einleitung zu seinen staatswissenschaftlichen Gedanken, zu seinem Versuche, „die Staatslehre zum Range einer Wissenschaft zu erheben," nennen. Denn als Anwendung der allgemeinen Erkenntnisprinzipien mit ihren notwendigen Konsequenzen erscheint die Individualisierung aller ökonomischen und aller Rechtszwecke und die Abhängigkeit aller individuellen, juristischen, politischen und wirtschaftlichen Vorstellungen von einer gesellschaftlichen Normalanschauung, die selbst das Resultat der zweckmäßigen Verfassung, also der politischen Wirklichkeit ist. Wie die Autonomie des individuellen Denkens nur Schein ist, so löst sich auch die rechtschaffende Kraft der Individualüberzeugung in eine Abhängigkeit von der Gewohnheit auf. Diese ist in Wahrheit das rechtschaffende Prinzip. Der Mensch genießt nicht die Herrenstellung eines Schöpfers des Rechtes, sondern er spielt die Rolle eines Geschöpfes der Zustände, namentlich der Verfassung[1]. Die Erkenntnislehre kehrt das genetische Verhältnis um. Das allgemeine Erkenntnisprinzip ist nicht die Wurzel der politischen Gedanken, sondern die methodische Verallgemeinerung der Anschauungsweise, die das Verhältnis der Menschen zur sozialen Wirklichkeit ausdrückte, nach ihren zwei Seiten: der Illusion der freien Gestaltung, der Realität der Abhängigkeit von der Außenwelt.

Die Wirklichkeit, notwendige Vorstellungen und allgemeingültige Anschauungsformen wiederzugeben, ist der größte Vorzug, den eine politische Theorie besitzen kann. Ohne ihn verliert sie den Boden der Tatsachen und verirrt sich in das Reich der Romantik oder der Utopien. Wahrheit hat sie als Abbild der Wirklichkeit und Wirkungsfähigkeit nur, wenn sich in ihr das Gesetz des sozialen Lebens spiegelt. Denn die Wahrheit kann in dem Bilde wandelbarer Zustände, die in einer steten Umbildung begriffen sind, nur eine relative sein und Wahrheit und Wirkungsfähigkeit gehören in praktischen Theorien zusammen. Entwicklung ist die Umbildung eines Zustandes von innen her und nicht seine Auflösung durch Kräfte, die von außen her hineingetragen werden. Deshalb muß eine Theorie, in der das Bewußtsein einer Zeit sein Spiegelbild erkennt, in sich die Zustände der Gegenwart, das Resultat der Vergangenheit und die Keime der Zukunft tragen. Denn nur dann besteht ein Parallelismus zwischen der sozialen Wirklichkeit, die ein Glied oder eine Phase einer zusammenhängenden Entwicklungsreihe ist, und ihrem geistigen Abbilde. In den Widersprüchen und Unvollkommenheiten der Systeme zeigt sich die dreifache Natur des Denkens, seine Beziehungen zu der Vergangenheit, der Gegenwart und der Zukunft auf den verschiedenen Gebieten, auf denen gesellschaftliche Vorstellungen Gestalt gewinnen. Ideen und Zwecke, die in einem gemeinsamen Boden wurzeln und auf ihm zu bleiben scheinen, führen ohne einen gewaltsamen Bruch mit ihrer eigenen Vergangenheit zu entgegengesetzten, ihrer ursprünglichen Gestalt entfremdeten Zielen. Die englische Wissenschaft hielt an den

---

[1] essay XXI. Die Naivität: wegen seiner Normalverfassung ist der Engländer der Normalmensch: Hence the English of any people in the universe have the least of a national character.

Voraussetzungen des Empirismus fest, auch als die Analyse des Bewußtseins und der geistigen Abbilder der Wirklichkeit die Gedankenwelt Lockes und Humes inhaltlich zerstörte. Rechtswissenschaft, Staatslehre und Volkswirtschaftslehre verleugneten die Formalprinzipien des englischen Privatrechts, die Grundsätze des Konstitutionalismus und die Grundbegriffe der klassischen Nationalökonomie, ihre Wert- und Preislehre, nicht, auch als die politische, ökonomische und geistige Entwicklung inhaltlich jene Anschauungsformen auszuhöhlen begann.

Die Begriffe und Axiome sind der vergängliche Niederschlag der Entwicklung. Sie erscheinen als ewige, notwendige Wahrheiten, weil das Denken unter dem Einflusse der gegenwärtigen Wirklichkeit steht. Jede Epoche wirft der Vergangenheit ihre Befangenheit vor und verfällt dem gleichen Verdikte, wenn ihre eigenen Axiome durch andere abgelöst werden. Nicht die logische, dialektische Form ihres Denkens, die die notwendige Form der Gewißheit ist, sollte der Scholastik zum Vorwurf gemacht werden, sondern die Starrheit, mit der sie an ihrem Begriffssystem festhielt, als die Vorstellungen und der Inhalt des Denkens andere geworden waren. Nicht ihr axiomatisches Wesen und die unvermeidlichen Illusionen des Verstandes können der Aufklärung und der liberalen Staatslehre mit Recht vorgehalten werden, sondern nur die unkritische Einseitigkeit, die sich an der Oberfläche des eigenen Bewußtseins, des Volkslebens und der Wirklichkeit hielt. Die rechtschaffende Kraft war für Hume und Locke die Überzeugung des Volkes, d. h. der Individuen, die eine Rechtsgemeinschaft bilden. Aber statt daß Wesen und Inhalt der Volksüberzeugung mit den Mitteln der Erfahrungswissenschaft geprüft wurde, wurden sie mit „der öffentlichen Meinung", d. h. den Anschauungen der herrschenden Klassen, und schließlich der Stimmung identifiziert, die von der Presse bald ausgesprochen, bald hervorgerufen wird. Die theoretische Frage, ob die Volksüberzeugung wirklich mit der „öffentlichen Meinung" zusammenfalle, die praktische, wie ihr wirksamer Einfluß auf die Bildung des Rechtes und des gesetzgeberischen Willens verschafft werden könne, wurde durch das Mittel der Fiktion beiseite geschoben, die in den tatsächlichen Institutionen ohne Prüfung ihres realen Wesens die apologetischen Ideen verwirklicht sieht: „Das englische Recht und die Parlamentswahlen verkörpern die Volksüberzeugung." Nur zerstörte die Macht der Tatsachen und die Untersuchung des Aufbaus der Gesellschaft den Traum von der Einheit der Gesellschaft und der Einheit ihrer Rechtsüberzeugung und ließ ihren zwiespältigen Charakter und die Antagonismen der Rechtsüberzeugung erkennen. Durch das gesellschaftliche Leben und seine Kämpfe wurde der Gedanke zerstört, daß die Gesellschaft eine Sammlung gleichartiger Individuen, das Kriterium der Wahrheit eine einheitliche öffentliche Meinung sei; durch die geschichtlichen Erfahrungstatsachen wurde der Glaube an die ewige Gleichartigkeit der Rechtsprinzipien beseitigt, auf dem die Überzeugung von der absoluten Vernünftigkeit der eigenen Rechtsideen ruhte. Das geschichtliche, nationale, persönliche Bewußtsein erhob sich gegen eine Lehre, die im Namen des Individualismus die Individualität vernichtete. Schon die empirische Untersuchung des Denkens und Wollens lehrte, daß sich der Geist nicht mit dem Hinweis auf die Tatsächlichkeit der Eindrücke einer unverstandenen natürlichen oder sozialen Außenwelt zufrieden gebe, sondern kraft seiner Natur nach der Einsicht in die vernünftige oder sittliche Notwendigkeit verlange und daß demnach das Erkenntnisprinzip des Empirismus, soweit es sich auf der Analyse des Selbstbewußtseins aufbaute, über sich selbst hinausweise.

Mit den Mitteln des „gesunden Menschenverstandes" d. h. durch die Interpretation einer gesellschaftlichen Normalanschauung suchte Hume auch die Probleme des ökonomischen und sozialen Lebens zu lösen, zunächst das Geldproblem, das wirtschaftliche Phänomen, in dem die Eigenart und Selbständigkeit der wirtschaftlichen Bewegung sichtbar wurde und das deshalb den Ausgangspunkt einer nationalökonomischen Wissenschaft bildete. Denn in der Geldbewegung hatte sie ein Objekt, das seinen eigenen Gesetzen zu folgen scheint, die nichts anderes sein können, als die Gesetze des ökonomischen Lebens, konzentriert in ihrer Wirkung auf einen Stoff, der nur eine wirtschaftliche Natur und Funktion zu haben scheint. Wegen ihres Zusammenhangs mit dem allgemeinen sozialen Leben können die Lösungen des Geldproblems nur historisch als Kennzeichen und Folge realer Zustände und der aus ihnen hervorgehenden Bewußtseinsformen verstanden werden.

Humes Geldlehre ist eine folgerichtige Anwendung des Axioms, daß das Geld stets nur der Vertreter wirklicher Werte an Arbeit oder Waren ist, auf sein Wesen und seine gesamte Wirkungsweise: weil das Geld nur wegen der in ihm dargestellten realen Werte Wert hat, ist die absolute Menge des Edelmetalls für den Volkswohlstand gleichgültig. Die Menge an Zahlungsmitteln entspricht stets dem Bedürfnis. Ab- und Zufluß von Edelmetall hängt von den Produktionsverhältnissen innerhalb der internationalen Verkehrsgesellschaft ab. Das Quantum, das dem einzelnen Volke zufließt, hängt von den Tauschwerten ab, die es auf den Markt zu werfen vermag, und ihre Menge wird bestimmt durch den Ertrag der über den unmittelbaren Lebensbedarf hinausgehenden Produktion, also durch die Energie der produktiven Arbeit. Ein niedriger Zinsfuß, das Kennzeichen einer blühenden Volkswirtschaft, ist nicht eine Folge des Geldreichtums an sich, sondern der Fülle an verfügbaren Waren und käuflicher Arbeit. Diese will der Geldbedürftige leihen und für sie bezahlt er in dem Zinse einen Preis, dessen Höhe wie die jedes Preises von den Marktverhältnissen abhängt. Der Wert des Geldes fällt mit seiner Kaufkraft zusammen. Diese und mit ihr der Preis drückt ein objektiv gegebenes Verhältnis aus: das Verhältnis der Zahlungsmittel zu den auf den Markt gebrachten Waren. Die auf der Seite des Geldes liegenden Bestimmungsgründe des Geldwertes werden durch den Verkehr und die Produktionsverhältnisse, in letzter Linie durch die Lage des inneren Marktes, dessen räumliche Grenzen in einer internationalen Verkehrsgesellschaft elastisch sind, ausgeglichen. Demnach ist eine staatliche Preispolitik ebenso zwecklos, wie eine künstliche Vermehrung der Zahlungsmittel nach merkantilistischen Grundsätzen[1].

Die Grundzüge der Betrachtungsweise heben sich in der Geldlehre deutlich ab: in der Skala Geldbewegung, Markt- und Verkehrsverhältnisse, Produktionslage, Energie der produktiven Arbeit geht das Denken von der Oberfläche nach der Tiefe der Erscheinungen. Das volkswirtschaftliche System wird auf die Energie der Arbeit, der wirtschaftlichen Lebensäußerung des Individuums begründet: Steigerung der persönlichen, individuellen Arbeitsenergie ist das einzige Mittel, das Gedeihen der Volkswirtschaft zu fördern, und der Zweck wird erreicht durch Steigerung der individuellen Bedürfnisse. Aber beide Momente, individuelles Bedürfnis und individuelle Arbeitsenergie verwandeln sich sofort in objektive Faktoren, denen der Charakter subjektiver Willkür und Freiheit fehlt; sie gehen in das System objektiver Wertverhältnisse ein, das die Persönlichkeit absorbiert. Es ist also der gleiche Kreislauf von einem scheinbaren Individualismus und subjektiven Illusionen zu der Abhängigkeit von einer objektiven Außenwelt, den auch Humes philosophische Erkenntnislehre durchläuft.

Die individuellen Lebensäußerungen sind Komponenten eines Gesamtzustandes, der das individuelle Leben fesselt. An dem Phänomen der Geldbewegung, die durch persönliche Zwecke getrieben wird und doch den persönlichen Zwecken, soweit sie ökonomischer Art sind, die Bewegungsfreiheit

---

[1] Vgl. Klemme, Die volkswirtschaftlichen Anschauungen Humes und essay 3, 4, 5 der zweiten Sammlung. Eine vollständige Darstellung konnte nicht gegeben werden: bekannt ist Humes Kritik der übertriebenen Vorstellungen von der Wirkung der Edelmetallschätze Amerikas, durch die er die auf der Seite des Geldes liegenden, wertbestimmenden Momente möglichst zu eliminieren sucht, und seine Kritik der Handelsbilanzlehre, die seinem produktionszentrischen Standpunkt entspricht.

nimmt, kamen die Schranken des Individualwillens und die Schranken der ökonomischen Macht des Staates zum Bewußtsein, gerade weil das formelle Recht dem Individuum und dem Staate die Gewalt über das Werkzeug des Verkehrs und über seine Wertbestimmung zu geben schien. Humes Geld- und Preislehre ist die Geldtheorie der Ohnmacht und ökonomischen Indifferenz des Staates, das charakteristische Erzeugnis einer Zeit, deren Denken unter dem Eindrucke der Schwäche des organisierten Staates stand. Der Staat ist nur noch Garant der Währung, weil er nicht mehr als der Garant einer ihn selbst beherrschenden Wirtschafts- und Rechtsordnung ist. Die reale Wertsteigerung, die in der rechtlichen Sicherung der Währung liegt, kann er finanziell durch eine geringe Herabsetzung des Feingehaltes gegenüber der Benennung ausnützen und sich gut schreiben[1]. Aber damit endet seine Macht, weil er selbst von den Verkehrs- und Produktionsverhältnissen abhängt, die sich seinem Einfluß schon durch ihren Zusammenhang mit dem internationalen Verkehr entziehen. Ein Wandel in den Geldanschauungen ist das Symptom eines Wechsels in den Anschauungen über das Verhältnis des Staates, des konzentrierten Gesamtwillens, zu den freien, sich selbst überlassenen Kräften des sozialen Lebens. Eine Geldtheorie, die in dem staatlichen Willensakte, der die Normierung des Geldes vollzieht, nicht nur einen akzessorischen Akt, sondern die Schöpfertat sieht, die dem Gelde Leben gibt und ein wilder Wurzel entsprossenes Tauschmittel in die rechtliche und ökonomische Organisation der Gesellschaft eingliedert, hat nur dann einen realen Inhalt, wenn sie bei dem Staate Macht und Beruf voraussetzt durch seine Geldpolitik die Preisverhältnisse und die Wertbewegung innerhalb der Grenzen der objektiven Möglichkeit zu beeinflussen, sonst ist sie nur ein Versuch einen abstrakten Geldbegriff in ein abstraktes Begriffssystem zu spannen.

Als Apostel einer demokratischen Wirtschaftslehre tritt Hume auf, so daß man in ihm einen Vorläufer Benthams sehen kann: Glück und Wohlstand der Individuen ist der Zweck der staatlichen und gesellschaftlichen Einrichtungen; das Gedeihen des Staates und seine Leistungsfähigkeit hängt von dem Gedeihen der Privatwirtschaften ab; die freie Arbeit ist das Lebenselement und die Grundlage von Reichtum und Fortschritt; eine Wirtschaftsordnung und eine Besitzverteilung, die mittleren Betriebseinheiten, dem mittleren Eigentum und Einkommen das Übergewicht gibt, ist die Voraussetzung der liberalen Verfassung, die allein das Glück von Volk und Individuum verbürgt. Indes mit demokratischeu Grundsätzen sind die Anfänge von Ricardos Machttheorie verbunden, die

[1] Das ist der Kern von Humes finanzpolitischen Vorschlägen.

die demokratische, individuelle Zwecksetzung aufheben: der Überschuß über den als notwendig empfundenen Bedarf steht dem Staate für seine Machtzwecke zur Verfügung. Die Landwirtschaft befriedigt die notwendigen Bedürfnisse, die Industrie verschafft der Gesellschaft ein freies Einkommen, einen Fonds disponibler Arbeit und Arbeiter, die der Staat und die Gesellschaft in ihren Dienst ziehen können.

In naiver Weise wird die Lehre auf englische militärische Werbebedürfnisse zugeschnitten, aber die Individualisierung der Zwecke hört doch schon auf dem Individuum zu dienen, und verwandelt sich in ein wirksames Mittel, dieses in ein Werkzeug fremder Zwecke zu verwandeln. Die Unbefangenheit mit der Hume in dem England des werdenden Kapitalismus, der Vernichtung des Bauernstandes und der Ausbildung des Großpachtbetriebes sein Ideal verwirklicht sieht, macht sein demokratisches Programm zu einer unwirksamen Fiktion und raubt ihm die Gestaltungskraft, die es erst wieder gewann, als es sich in der Hand des Radikalismus mit kritischer Stärke waffnete.

Den Tatsachen der geschichtlichen Überlieferung spricht Hume das gleiche Recht zu wie der unmittelbaren Sinneswahrnehmung: Erfahrung und Geschichte, unmittelbare und vermittelte Erfahrung sind die Quellen der Erkenntnis; die Staatswissenschaft ist eine Erfahrungswissenschaft, die historischen Stoff verwendet und in der geschichtlichen Betrachtung eine kritische Waffe gegen die Verallgemeinerung bedingter Begriffe und ein Mittel findet die Anschauungen, die der unmittelbare Niederschlag der gegenwärtigen Wirklichkeit sind, zu prüfen und die Relativität des gegenwärtigen Rechtes zu erkennen. Denn absolute Wahrheiten zu finden ist der Staatslehre wie jeder Wissenschaft versagt. Der kritische Vorbehalt hat jedoch nur geringen Wert. Das historische Denken wurde nicht zu einem Mittel objektiver Erkenntnis, sondern blieb dem Gesetze des Empirismus, dem beherrschenden Einflusse der unmittelbaren Gegenwart unterworfen. Die englische Geschichte und die Geschichte des Altertums waren ein Arsenal apologetischer Waffen, die traditionellen politischen Vorstellungen den Nimbus historischer Wahrheiten geben und in ihrer antiquarischen Leblosigkeit an den Götter- und Nymphenapparat der gleichzeitigen Poesie erinnern. Aus dem Banne der Gegenwart ringt sich das Denken nicht los: weil für das politische Denken der Zeit unter dem Eindrucke der jüngsten Vergangenheit die Verfassungsformen eine zentrale Bedeutung hatten, löst sich die ganze Geschichte in einen Kampf von „Autorität und Freiheit“, der beiden fundamentalen Gegensätze des staatlichen Lebens nach Humes Ansicht, auf und in diesen Rahmen werden die Tatsachen und Kämpfe der nationalen Geschichte gespannt. Ein historischer, konservativer Zug war dem Geiste der herrschenden Klassen Englands aufgeprägt; die Tendenz die Kontinuität der nationalen Rechtsentwicklung trotz der normannischen Eroberung und der Revolution zu beweisen und Institutionen, denen der feste Boden im Rechtsbewußtsein des Volkes fehlte, durch den Schein ewigen Bestandes die Gewähr der Dauer zu geben, wurde zu einem methodischen Grundsatz und einem Axiom der Altertumsforschung.

Die erste Revolution hatte einst die überlieferten staatsrechtlichen Formen zerstört. Die tiefen Gegensätze des Volkslebens traten zutage, und als lebendiger Prozeß schien sich die Neubildung von Staat und Recht vor dem Auge der Beobachter zu vollziehen. Durch den radikalen Charakter der Kämpfe ihrer Zeit erhielt die Staatswissenschaft der Cromwellschen Zeit ihren radikalen, prinzipiellen Charakter. Die Frage nach den Ursachen der Rechts- und Staatsbildung, nach dem Wesen historischer Kausalität drängte sich dem Bewußtsein auf. Aber die demokratische Bewegung sank matt zu Boden, die zerstörten politischen Formen standen wieder auf und bewiesen eine größere und zähere Kraft als die Idee der Volksherrschaft. Angesichts dieser Tatsache glaubte Harrington in den Besitzverhältnissen die Ursache der Verfassungsbildung zu entdecken: Verfassungsgeschichte ist Geschichte der ökonomischen Machtverteilung, die auf der Verteilung des Grundeigentums beruht. Sie gab dem Könige und den mit ihm verbündeten Klassen das dauernde Übergewicht.

Die Prinzipien des englischen Rechtes nahmen die Gestalt historischer Grundsätze an: das reale dingliche Rechtsprinzip und die persönliche Rechtsidee. Jenem entsprach Harringtons Gedanke. Er lebte in der Jurisprudenz und in der Staatsphilosophie fort[1], weil er sich an das wirksame Prinzip des englischen Rechtes anlehnte. So erklärt Blackstone aus dem Wandel der Besitzverhältnisse die Verschiebungen in dem Machtverhältnis von Krone und Unterhaus. Indes Harringtons Idee sprach das arcanum imperii, die Tatsache des Klassenrechtes aus. Deshalb wurde sie dem apologetischen Rüstzeug der herrschenden Staatswissenschaft nicht einverleibt: für sie bleibt das Recht ein Erzeugnis der rechtbildenden Kraft der Volksüberzeugung, und dieser wird zunächst das juristisch klare Majoritätsprinzip, dann der dehnbare Begriff der öffentlichen Meinung substituiert.

Nicht die Einheit, sondern der Gegensatz von Idee und Wirklichkeit war die verborgene Triebkraft des Denkens. Aber die geschichtliche Theorie suchte ihn zu verdecken; die apologetische Tendenz lähmte den historischen Wahrheitssinn.

---

[1] Vgl. Hume, essays II 269: Perfect equality of possessions . . . must reduce all power nearly to a level as well as property.

Die Geschichte griff zu der Waffe der Fiktion, indem sie im englischen Rechte im offenbaren Widerspruch mit der Wirklichkeit das Werk der Volksüberzeugung fand. Wenn Hume die geschichtliche Forschung auf die Tatsachen und ihren äußeren Zusammenhang beschränkte, so entsprach das dem Geiste seiner Erkenntnislehre: die tieferen Probleme historischer Kausalität, die Rätsel, die in dem Parallelismus, dem Zusammenhange und dem Gegensatze von Rechtstatsachen und Ideen, in dem sozialen, historischen Dualismus von Stoff und Geist liegen, schob er beiseite, und mit ihnen die Fragen, die die Selbstzufriedenheit und optimistische Sicherheit der herrschenden Klassen bedrohten. Deshalb vertrat Hume den methodischen Grundsatz, die unsichtbaren Ursachen als nicht vorhanden zu behandeln[1].

Aber diese hören nicht auf wirksam und fühlbar zu sein, weil ein sensualistischer Empirismus, der die sichtbare soziale Außenwelt so hinnimmt, wie sie erscheint, sie ignoriert. Als die Passivität der Massen dem Bewußtsein ihrer Not und ihrer Stärke wich, wandte sich das geschichtliche Denken gegen die Vertreter des historisch gewordenen Rechtes in vierfacher Richtung: Es enthüllte empirisch das geschichtliche Bild der Not und Entrechtung der Massen und zerstörte den historischen Optimismus, der sich damit begnügte, der Gegenwart und Zukunft die Anwendung der segensreichen Grundsätze der Vergangenheit zu empfehlen. Es hörte auf, alle sozialen Erscheinungen nur als Koeffizienten oder Folgen der Verfassung zu behandeln, und ging auf die wahre Natur eines Volkslebens zurück, weil es die relative Gleichgültigkeit der Verfassungsformen für das individuelle Leben erkannte. Es stellte die Frage nach dem Wesen geschichtlichen Werdens und der wahren Ursache der Rechtsbildung aufs neue und, indem es Harringtons Lehre von dem Grundgesetze rechtsgeschichtlicher Kausalität erneuerte, setzte es, den Fortschritten des ökonomischen Denkens folgend, der wirtschaftlichen Macht und dem Rechte des Eigentums, Macht und Ansprüche der Arbeit, der überlieferten ökonomischen Machtverteilung die Gesetze der Wertbildung entgegen. Es wurde eine Waffe der Kritik, indem es dem positiven Rechte den Geist der zu apologetischen Fiktionen gewordenen Rechtsideen, namentlich des Überzeugungs- und Mehrheitsprinzips, entgegenhielt, die Flüssigkeit der grundlegenden Einrichtungen des Privatrechts nachwies und nicht nur den Institutionen sondern auch den die Institutionen schaffenden und umbildenden Gedanken das Recht und die Notwendigkeit, die ihnen ihre geschichtliche Entstehung gab, vindizierte.

[1] ib. I 202. It is a maxim in all philosophy that causes, which do not appear, are to be considered as not existing.

Der historische und empiristische Zug war im Leben und Denken des englischen Volkes so stark, daß er sich nicht entwurzeln ließ. Lange vor Burke war die geschichtliche Rücksicht zu einem festen Bestandteil der politischen und gesellschaftlichen Moral geworden. Die historische Auffassung beherrschte die persönlichen, tiefsten Regungen der Seele. In seinen theologischen Versuchen lehnt sich Hume an eine verschollene Vergangenheit an, die dem Empfinden innerlich fremd und unverständlich geworden war. Auf einem Gebiete, wo Erkennen und Erleben eins ist, verzichtete er, wenn er das Denken von kirchlichen Vorstellungen emanzipieren will, auf die Auslegung des eigenen religiösen Bewußtseins und der geschichtlichen Elemente, die fortfahren wirkliche Lebenskraft zu entfalten. In dem Versuche, den Inhalt der religiösen Anschauungen auf religionsgeschichtlichem Wege zu finden, zeigt sich am klarsten die Versteinerung und Paralysis des religiösen Lebens, in der englische Historiker die Ursache der Stagnation des englischen Volkslebens im 18. Jahrhundert sahen, wie sie in der Auffrischung der religiösen Empfindung den Grund seines Erwachens im 19. Jahrhundert fanden. Jedenfalls bleibt er das klarste Symptom der Verständnislosigkeit, mit der der Empirismus der Natur des Geistes, auf die er die Erkenntnis aufbauen wollte, gegenüberstand. Man möchte sagen: der Geist mußte erst wieder erwachen, das Gewebe von Fiktionen, apologetischen Behauptungen, tendenziösen historischen Vorstellungen und Abbildern einer stagnierenden Wirklichkeit, in das ihn der erstarrende Empirismus verwickelte, abwerfen, ehe er sich, wie der Empirismus forderte, auf sein eigenes wahres Wesen und die Postulate, die es stellte, besinnen konnte.

III.

Das eigenartige Wesen des englischen Rechtssystems.

Staatsrecht, Privatrecht und Wirtschaftsordnung sind das Resultat einer einheitlichen Volksgeschichte uad das Ergebnis der gleichen Kräfte, Vorstellungen und Zwecke. Die englische Staatswissenschaft spricht die Quintessenz eines bestimmten Rechts- und Gesellschaftszustandes aus und formuliert die in ihm wirksamen Gesetze und Anschauungen in abstrakter von zufälligen Zutaten gereinigter Form. Die englische empiristische Philosophie erkannte die Natur ihres eigenen Denkens besser als die klassische Nationalökonomie, die ein Kind der gleichen Betrachtungsweise, des gleichen Verhältnisses von Wirklichkeit und Denken ist, aber früh den notwendigen Illusionen des Verstandes erlag.

Kein Zustand existiert in abstrakter Gestalt, also ist auch sein geistiges Resultat und Gegenbild geschichtlich bedingt. Das Schattenbild eines absoluten Naturrechtes und einer absoluten Nationalökonomie mußte verschwinden, sobald klar wurde, daß die klassische Nationalökonomie auf einem bestimmten Gesellschaftszustande mit bestimmten juristischen Voraussetzungen beruhte und zwar auf einem abnormen Übergangszustande, der mit seinen isolierten Individuen keineswegs die soziale und ökonomische Natur des Menschen in ihrer freien Entfaltung und normalen Gestalt zeigte. Wie das Naturrecht als Recht an sich, so wurde auch die klassische Nationalökonomie lange als die reine Wirtschaftslehre oder als das Ergebnis einer von allen fremdartigen Zutaten befreiten wirtschaftlichen Betrachtungsweise angesehen, die durch die besonderen Rechtsverhältnisse, unter denen sie wirkte, höchstens modifiziert wurde, aber ihr notwendiges Wesen stets behielt. Ihre Prinzipien galten als der Inbegriff der Vorstellungen, die der Mensch als ökonomisches Wesen haben muß. Indes weder allgemeines noch individuelles Denken läßt sich in die Komponenten einer wissenschaftlichen Methodenlehre zerlegen. Juristische und ökonomische Funktionen des Denkens entspringen der gleichen Wurzel: der Wirklichkeit und der Art, wie sie das Bewußtsein beeinflußt.

Die enge Verbindung von Staatsrecht und Privatrecht, die innere Einheit des Rechtes charakterisiert die englische Rechtsgeschichte und Rechtswissenschaft. Die Behauptung, daß in England „seit Beginn des 17. Jahrhunderts die Trennung des Rechtes (common law) von jeder rechtlichen Betrachtung des Staates endgültig vollzogen sei," verkehrt die Tatsachen in ihr Gegenteil und unterbindet das Verständnis des englischen Staatswesens. Auf der Einheit privatrechtlicher und staatsrechtlicher Vorstellungen beruht der Rechtsstaatscharakter, den der englische Staat in besonderem Sinne beanspruchte. Juristen wie Coke, deren ganzes Denken von privatrechtlichen Gesichtspunkten beherrscht war, spielten in den Verfassungskämpfen eine hervorragende Rolle. Sie sprachen die Gedanken aus und wandten sie auf das Staatsrecht an, die in dem allgemeinen Rechtsbewußtsein einen lauten Widerhall fanden, Gedanken privatrechtlicher, individualistischer Art. Denn an privaten, individuellen Rechtsverhältnissen bilden sich die allgemeinen, beherrschenden Rechtsbegriffe, sobald die Einheit des politischen und des wirtschaftlichen Verbandes, des gesellschaftlichen und des staatlichen Organismus zu gunsten der individuellen Unabhängigkeit verdunkelt und gestört ist. Die gleichen privatrechtlichen Ideen, Eigentum und Vertrag, bilden die Basis des Naturrechts und der Staatsphilosophie, und zwar nicht in abstrakter Verschwommenheit, sondern mit dem der Wirklichkeit entlehnten ökonomischen Inhalt, der mit den Rechtsvorstellungen verwuchs: Freiheit, d. h. Herrschaft des kapitalistischen Eigentums und Freiheit des Lohnvertrags. Nur weil sich unter dem philosophischen Gewande die ihnen geläufigen Rechtsvorstellungen und die gewohnte juristisch-soziale Anschauungsform verbargen, empfanden die bürgerlichen Klassen Lockes und Humes Lehren als eigenen geistigen Besitz und sahen in ihnen die Interpretation des eigenen Denkens. Die Individuen mußten von dem festen, rechtlichen und sozialen Verbande losgelöst sein, wenn sie sich einerseits ihrer Eigenmacht, anderseits ihrer individuellen Schwäche bewußt werden sollten.

In Blackstones Commentaries fanden die herrschenden Klassen und das englische Volk, soweit die Rechtsprinzipien des positiven Rechtes Bestandteile des allgemeinen Rechtsbewußtseins wurden, einen adäquaten Ausdruck ihres Rechtes und ihres Rechtsbewußtseins. Unter denselben Rechtsprinzipien faßt Blackstone Staatsrecht und Privatrecht zusammen. Auf Eigentum und Vertrag begründet er die subjektiven Rechte, die Rechte der Staatsorgane und das Verhältnis der Individuen zum Staate. Von diesen privatrechtlichen Gesichtspunkten aus gewinnt und konstruiert er die innere Einheit des englischen Rechtes. Dem Inhalte entsprach die Form der Rechtsbildung: während der Staat Friedrichs des Großen die Feststellung und Kodifikation des Rechtes selbst durchführte, war sie in England bei der Schwäche der Organe des Staates der Privatinitiative und der individuellen wissenschaftlichen Tätigkeit überlassen, so daß ein Privatwerk die wichtigste Rechtsquelle wurde. Privatinitiative und individuelle Tätigkeit verdrängten, ersetzten und absorbierten auf den wichtigsten Gebieten des Gesellschaftslebens die Wirksamkeit des Staates.

Im Beobachtungsstoffe findet die wissenschaftliche Methode die Gesetze ihres Verfahrens, sonst löst sie sich in subjektive Willkür auf. Ist Blackstone der klassische Interpret des englischen Rechtsbewußtseins, eine Rolle, die ihm seine tatsächliche geschichtliche Bedeutung zuweist, dann darf man seine privatrechtliche Betrachtungsweise nicht als Verirrung verurteilen, sondern muß von ihr aus Verständnis für das Wesen des englischen Rechtes zu gewinnen suchen. Will man den Rechtszustand, der den Boden der klassischen Nationalökonomie, das Resultat der Vergangenheit und die Grundlage der weiteren Rechtsentwicklung bildete, in seinen Wechselwirkungen mit den Veränderungen in der Struktur der englischen Gesellschaft begreifen und so das geschichtliche Verständnis der Gegenwart anbahnen, so muß man von Blackstones Werk ausgehen, etwa wie Pernice in seiner Monographie über Labeo in der Gedankenwelt des römischen Juristen ein Bild des römischen Rechtes und der Rechtsanschauungen in dem ersten Jahrhundert der Kaiserzeit findet. Jeder andere Versuch scheitert an der Überfülle und Verworrenheit des ungesichteten Stoffes: Blackstone sammelt das lebendige Recht seiner Zeit und sucht so ein Bild des gesamten wirklichen Rechtszustandes zu bieten.

Allerdings bleibt die tatsächliche Unterlage eine unvollständige und unsichere aus zwei Gründen, die in der verwickelten Natur des rechtsgeschichtlichen Stoffes liegen: Das fixierte, anerkannte Recht deckt sich weder im Umfange noch im Inhalte vollständig mit dem wirklichen Rechtszustande. Denn dieser enthält zahlreiche Rechtsverhältnisse, die sich in feste wirtschaftliche Notwendigkeiten, Sitten und gewohnheitsmäßige Anschauungen verwandelt haben, so daß sie sich ohne staatlichen Schutz von selber regeln und deshalb nicht mehr als juristische Verhältnisse empfunden werden. Es ist der festeste wirksamste Kern jeder Rechtsordnung. Anderseits enthält diese ein flüssiges Element, das werdende Recht, das von der gesellschaftlichen Entwicklung getragen wird und das positive Recht und seine Wirkungsweise umzugestalten beginnt, ehe sein Rechtscharakter bemerkt und anerkannt wird. Sodann deckt sich die Rechtswissenschaft keineswegs mit den Rechtsanschauungen, namentlich nicht eine Jurisprudenz, die sich in der Weise der englischen grundsätzlich an der Vergangenheit orientierte.

Völlig lassen sich diese Bedenken nicht beseitigen, aber gerade in England waren die Mängel der Betrachtungsweise doch wieder nur das Spiegelbild von Eigenschaften des Stoffes, der, wie dies die empiristische Erkenntnislehre aussprach, formell und inhaltlich das Denken unter seinen Einfluß bannte. Die Jurisprudenz war in England weit mehr Praxis als Wissenschaft. Ihr fiel die Aufgabe zu, das Recht auszulegen und weiterzubilden: ihre geschichtliche Gebundenheit ist das Symptom und die notwendige Folge der Stagnation des staatlichen Lebens und der Erstarrung von Gesetzgebung und Gewohnheitsrecht. Wenn die Juristen das juristische Denken auf den beschränkten Kreis der Rechtsverhältnisse konzentrierten, durch die die soziale Stellung der grund- und kapitalbesitzenden Klassen geregelt und ihre ökonomische Herrschaft gesichert wurde, wenn sie dabei mit Hume den common sense, die gesellschaftliche Normalanschauung, zum Leitstern wählten, so war das nur der Ausdruck der Machtverteilung, von der der äußere Verlauf der Rechtsbildung abhing. Wegen der äußeren und inneren Gebundenheit seines juristischen Denkens, dem sein Zusammenhang mit der Praxis völlige geistige Unabhängigkeit gar nicht gestatten konnte, hinterließ Blackstone weniger ein wissenschaftliches System als eine historische Urkunde über den Rechtszustand seiner Zeit. Dieser muß als Einheit begriffen werden. Ihn in eine Anzahl einzelner historisch erklärbarer Institutionen auflösen, heißt den natürlichen Zusammenhang des Lebens für die Erkenntnis zerstören. Die Einheit ist zunächst nur in der geistigen Einheit des Systems, der Anschauungsweise, der Zwecke erkennbar, nicht in der verworrenen Masse der Rechtstatsachen. In den verdeckten Widersprüchen des Systems offenbart sich die Tendenz der Weiterentwicklung, die Reaktion, die im Innern des Rechtes ansetzt und den Ausgleich zwischen seinen Prinzipien, den wirksamen juristischen Anschauungsformen und den sozialen Tatsachen, die sich ihrer Herrschaft entzogen, herzustellen sucht.

In seiner akademischen Antrittsrede von 1758 nimmt Blackstone einen universalen wissenschaftlichen Standpunkt ein[1]: die Jurisprudenz soll eine historische und philosophische Disziplin sein. Er will den Zusammenhang mit dem allgemeinen, wissenschaftlichen Denken wahren und spricht von einer geschichtlichen, vergleichenden, begründenden Methode. Doch denkt er dabei nur an die formale, methodische Schulung seiner Zuhörer, nicht an eine freie Gestaltung und Beherrschung des Stoffes nach wissenschaftlichen Gesichtspunkten. Seine

[1] Zitiert ist Blackstone nach der Ausgabe von 1799 (London). Sie enthält die letzten Zusätze von Blackstones eigener Hand. Die späteren Zusätze lassen sich leicht von dem ursprünglichen Texte, wie er in reiner Gestalt in der ersten Auflage vorliegt, sondern. Ihre Geringfügigkeit beweist besser als alles andere die Stagnation der Rechtsentwicklung. Die Quellen, die Blackstone benutzt, namentlich die Gedanken der älteren englischen Juristen, sind leicht erkennbar.

rechtsgeschichtlichen Untersuchungen und die philosophischen naturrechtlichen Ideen, die er zu verwerten liebt, vermögen keinen Stein in dem festen Gebäude des positiven Rechtes zu verrücken. Montesquieu, Grote, Pufendorf und Locke, die Blackstone benutzt, stehen als Zierden oder Stützen des fertigen Baues da so, wie die Säulen an den Fassaden von Prunkpalästen ohne inneren Zusammenhang mit den architektonischen Zwecken den Eindruck der Kraft erwecken sollen. Geschichte und Philosophie dienen nicht einmal dem inneren Verständnis der Rechtstatsachen: sie liefern apologetische Waffen, im besten Falle Kenntnisse, keine kritischen Ideen und keine Erkenntnis. Die naturrechtlichen und historischen Dekorationen lassen sich ebenso leicht von dem wirksamen Kerne des Systems sondern wie die obsoleten Bestandteile, die die Ehrfurcht vor der Vergangenheit, die Scheu an dem Scheine der Ewigkeit und Unveränderlichkeit eines Rechtes zu rütteln, dem die festen Stützen im Volksbewußtsein fehlten, bestehen ließ.

Blackstones System und die englische Jurisprudenz nahm an der Geschichte der Wissenschaft, der Entwicklung des allgemeinen Bewußtseins, von dem das theoretische Denken umschlossen ist, teil. Abhängigkeit von der Tradition war der Grundzug der Rechtswissenschaft. Die Geisteswissenschaften verlernten es, im Geiste der großen Epoche der englischen Wissenschaft die Schrift Gottes nicht in Büchern, in traditionellen Begriffen oder Problemen, sondern in der Natur, im Leben, den lebendigen Kräften des Bewußtseins zu lesen. Die Geschichte wurde zu einer antiquarischen Interpretation der Urkunden, die Philosophie aus dem Ringen um Erkenntnis der Welt und der seelischen Vorgänge zu einer Beschreibung des gesunden Menschenverstandes, d. h. einer normalen gesellschaftlichen Anschauung und des äußeren Verlaufs der Begriffsbildung, die Religion aus der belebenden Kraft des geistigen Daseins und des Gemeinschaftslebens zu einem Bestandteil der gesellschaftlichen Erziehung und die Religionswissenschaft zu einer historisch-psychologischen gelehrten Doktrin. Nur in formellen Vorzügen lebte die Kraft der Wissenschaft fort: in der Achtung vor dem objektiven Inhalt des Denkens und in dem Verlangen nach formeller Sicherheit des Wissens. Ihre Ziele standen fest; sie wurde auf die Bahn der Apologetik feststehender gesellschaftlicher Wahrheiten gedrängt und füllte die Kluft zwischen den Ideen, den unzerstörbaren Bedürfnissen des Geistes und der Wirklichkeit, dem Abbild der sichtbaren Wirklichkeit, das sie selber bot, mit Fiktionen aus. So begnügte sich die Geschichte mit der historischen Idealisierung der englischen Verfassung, die gesellschaftliche Theologie, wie sie aus Malthus' Schriften gelegentlich hervorleuchtet, mit einer Gottesvorstellung, die den lächelnden Gott der Aufklärung mit dem unbarmherzigen

Gotte der sozialen Prädestination zu einem widerwärtigen Götzenbilde verband. So legte die Rechtswissenschaft nicht mehr die Rechtsideen und die Notwendigkeiten des Rechtslebens aus, sondern beschränkte sich auf die Interpretation überlieferter Begriffe und Formeln. Dabei konnte sich Blackstone auf den Boden des englischen Liberalismus stellen, weil dieser selbst konservativ und abhängig von der sichtbaren Außenwelt war.

Die Volksüberzeugung figurierte als Grundlage des Rechtes. Das Recht wurde für den Ausdruck der Volksüberzeugung und des Volkswillens erklärt: in gleicher Weise sah die Philosophie in dem common sense, der öffentlichen Meinung den Maßstab der Wahrheit und die Richtschnur der politischen rechtlichen und sozialen Entwicklung. Die juristische Überzeugungstheorie wird immer noch als Kennzeichen der germanischen Natur des englischen Rechtes gefeiert. Aber in der Rechtswissenschaft und der Philosophie war der Überzeugungsbegriff der gleichen Veräußerlichung, Objektivierung und Erstarrung verfallen. Wenn der Rechtsüberzeugung rechtschaffende Kraft innewohnen soll, muß sie in dem Glauben an die Vernünftigkeit, sittliche Notwendigkeit, politische oder ökonomische Zweckmäßigkeit eines Rechtes bestehen, welches auch die Faktoren sein mögen, die sie selbst gestalten. Denn dieser Glaube und nicht der Gedanke der Tatsächlichkeit ist die Kraft, die die Tatsache zum Rechte macht, das nicht nur eine äußere zwingende Gewalt, sondern auch eine geistige Natur hat. Die englische Rechtslehre setzte an die Stelle der Autonomie des Denkens und der allgemeinen Rechtsüberzeugung die Abhängigkeit von der Wirklichkeit und von einem feststehenden geschichtlichen Zustande. Wie der Inhalt des Bewußtseins in der empiristischen Erkenntnislehre das Resultat der Eindrücke der Außenwelt und der Gewöhnung war, so war das Rechtsbewußtsein das Geschöpf des positiven Rechtes, des tatsächlichen Rechtsbestandes, der Gewohnheit und der Tradition[1]. Die Rechtsüberzeugung spricht nur ihre eigene bewußte Unterordnung unter das gewohnheitsmäßige und statutarische Recht aus: das Urteil des vir bonus bildet das Recht; aber der vir bonus ist der Mann, qui consulta patrum, leges juraque servat. Das ist der Blackstoneschen Jurisprudenz aus der Seele gesprochen: die individuelle und die allgemeine Rechtsüberzeugung, die die Summe individueller Urteile ist, spricht den geschichtlichen Inhalt des Rechtes aus. Nun geht beim richterlichen Urteile der Denkprozeß, der das allgemeine Prinzip feststellt, das die Basis des Urteils

[1] Blackstone Introd. § 3 (1, p. 64) they receive their binding power . . . by long and immemorial usage and by their universal reception throughout the hingdom: So formulierte Coke den Gedanken.

bildet, dem Einzelvorgang, dem Phänomen, das Anlaß und Gegenstand des Urteils bildet, voraus, ebenso wie bei der wissenschaftlichen Schlußfolgerung und dem sittlichen Entschluß. Darin liegt offenbar eine Schwierigkeit für den sensualistischen Empirismus und die ihm analoge Form des juristischen Denkens, die das Prinzip auf der Einzelwahrnehmung und dem Einzelurteil aufbauen, in den Fällen, in denen Gewöhnung und Präzedenzfall versagen. Beide lösen die Schwierigkeit in gleicher äußerlicher Weise und offenbaren so ihre geistige Verwandtschaft. Hume und die englische Jurisprudenz verwenden das Mittel der äußeren Analogie, die ohne den allgemeinen Grundsatz zu entwickeln, unmittelbar von einem Fall auf den anderen nach äußerer Ähnlichkeit schließt.

Die Überzeugung von der Rechtmäßigkeit des Rechtes und die historische Gebundenheit gehören zum Wesen des juristischen Denkens und sind also kein besonderer Vorzug der deutschen oder englischen Rechtsanschauung. Recht und Rechtswissenschaft tragen überall den Charakter relativer Stabilität. Denn das Recht bindet nicht nur den Machtkampf an gewisse Formen, sondert sichert auch sein Resultat, fixiert Willensakte, Machtverhältnisse und ihre Folgen und gibt so der Vergangenheit Gewalt über die Gegenwart, dieser über die Zukunft. Bei der Flüssigkeit der Überzeugung und der steten Neu- und Umbildung der ökonomischen Wertbeziehungen ist deshalb eine Spannung zwischen den Rechtformen und ihrem wirtschaftlichen und geistigen Gehalte unvermeidlich.

Der Zusammenhang mit der lebendigen Volksüberzeugung ging dem englischen Rechte verloren. Die Überzeugungstheorie ist eine Fiktion. Den Charakter der historischen Gebundenheit, der Stetigkeit und Unveränderlichkeit trug es in besonderem Grade: die juristische Begriffsbildung stagnierte; sie verstand nicht mehr für neue Verhältnisse und Anschauungen neue Begriffe zu bilden und operierte mit den traditionellen Mitteln. Die beweglichen Faktoren der Rechtsbildung, die Prinzipien, von denen die Umbildung des Rechtes ausgeht, erstarrten und wurden der Tradition oder der Herrschaft der überlieferten Tatsachen unterworfen. Die Rechtsideen wurden auf dem Wege der apologetischen Fiktion paralysiert. Ihre Verwirklichung im englischen Rechte wurde fingiert. So wurde einerseits ihre Berechtigung anerkannt, sie wurden im Bewußtsein lebendig erhalten, aber ihr Einfluß auf die Außenwelt wurde durch den Schein ihrer Verwirklichung gebrochen. Das war das Schicksal der Überzeugungslehre, des Postulates der Vernünftigkeit und Zweckmäßigkeit des Rechtes, des Grundsatzes der Billigkeit, der humanitären Ideen, in denen erstarrte soziale Rechtsgedanken in verblaßter Gestalt fortbestanden, des bewußten Staatswillens.

Die Theorie erkennt die rechtschaffende Kraft des autoritativen Staatswillens an. Er ruht im Parlamente. Auf die gesetzgebende Gewalt wird Hobbes' Souveränitätsbegriff angewandt und ihr unbeschränkte rechtschaffende Befugnis zugeschrieben. Wenn die Rechtswissenschaft die Entstehung des Rechtes auf ein einheitliches Prinzip zurückführt, räumt sie dem rechtsetzenden Willen den Vorrang ein vor der Gewohnheit, indem sie das Gewohnheitsrecht aus ihm ableitet: die ungestörte Gewohnheit ist der Beweis für die Fortdauer des rechtsetzenden Willens [1]. Damit scheint der Weg zu einer Auflösung und Umbildung des Gewohnheitsrechtes geöffnet, und da im Parlamente die Beschlüsse der Volksvertretung maßgebenden Einfluß beanspruchen, so scheint der rechtschaffenden Kraft des Volkswillens Bahn gebrochen zu sein. Aber die Lehre hat nur Kraft in der Negative: die Schwerfälligkeit der parlamentarischen Maschine verwandelte das einzige Mittel für die Umbildung des Rechtes in ein Mittel seine Unveränderlichkeit zu sichern. So lange nicht Klasseninteressen ins Spiel kamen, setzte das Parlament jedem Reformverlangen sein nolumus mutari leges Angliae entgegen. Die tatsächliche Zusammensetzung des Unterhauses beseitigte jede Einwirkung der Gesamtüberzeugung des Volkes. Durch die Fiktion, daß die Beschlüsse des Unterhauses den Gesamt- oder Mehrheitswillen des Volkes tatsächlich enthielten, setzte sich die demokratische Lehre ihren eigenen Leichenstein und diente nur dazu die Herrschaft der Minderheit zu stützen.

Mit Unrecht hat man in dem englischen Richter ein Organ und einen Träger der Volksüberzeugung, in seiner Unabhängigkeit ein Gegengewicht gegen die Gebundenheit des Rechtes gesehen. Die Lehre von der völligen Unabhängigkeit des Richters war eine politische nicht eine juristische Theorie: der Richter ist unabhängig von den willkürlichen Einflüssen politischer Machthaber. Als politischer Glaube hat sich der Gedanke als Macht in der englischen Geschichte bewiesen. Ein Prinzip, das das Recht innerlich umzugestalten vermocht hätte, war er nicht. Der Richter ist unabhängig von willkürlichen Einflüssen, weil er völlig abhängig ist von dem positiven traditionellen Rechte; er ist nicht das Organ der Volksüberzeugung, sondern der Diener des Gesetzgebers. Mit der größten Bestimmtheit fesselte die englische Jurisprudenz den Richter an das statutarische oder Gewohnheitsrecht, bei einer Unklarheit oder Unsicherheit an frühere Entscheidungen, also an die Rechtssitte der Vergangenheit oder den erstarrten staatlichen Willensakt. Sein Urteil ist das Zeugnis für das Dasein eines Rechtes. Vernünftige Interpretationsregeln mögen dem richterlichen Ermessen einen

---

[1] ib. § 3, 9 (I, p. 88, 89), II, 3 (p. 29).

weiteren Spielraum, die Möglichkeit den Rechtszweck sogar im Widerspruche mit dem Wortlaute des Gesetzes zu berücksichtigen, gewähren. Grundsätzlich bleibt der ausgesprochene oder unausgesprochene Wille des Gesetzgebers unbedingte Richtschnur, ihn zu finden ist die Aufgabe des Richters: ein Versuch sich über diese Schranken hinwegzusetzen ist ein Eingriff in die Befugnisse der Legislative, ein Bruch der Verfassung. So wirken in einem verwickelten Systeme die Institutionen im Widerspruche mit ihrer angeblichen Natur: die angebliche Freiheit der rechtsetzenden Gewalt stärkt nur die Gebundenheit des Rechtes.

Blackstones juristisches Gewissen sträubte sich, dem Richter eine handgreifliche Absurdität oder Ungerechtigkeit zuzumuten: er will ihm bei einem Konflikte zwischen der positiven Rechtstradition oder einem Parlamentsbeschlusse und der Vernunft oder sittlichen Grundsätzen Überzeugungsfreiheit gewähren. Aber die Jurisprudenz folgte ihm nicht. In ihr trug eine schroffe Legaltheorie den Sieg davon, nach der auch der unsinnigste Parlamentsbeschluß durchgeführt werden mußte und das absurdeste, rechtsgültige Urteil als Präzedenzfall die Rechtsprechung band.

Die äußeren formellen Mittel für eine Umbildung des Rechtes wurden zu Mitteln seine Unveränderlichkeit zu sichern. Die inneren geistigen Kräfte, die das Recht umgestalten, versagten. Bei einem Zusammenstoße von statutarischem oder Gewohnheitsrechte und Rechtsbewußtsein [1] muß die vernünftige oder sittliche Einsicht sich beugen. Die Reformbedürftigkeit, Vernunft- und Zweckwidrigkeit zahlreicher Grundsätze des common law, den Widerspruch zwischen ihnen und den herrschenden Volksanschauungen konnten die Juristen nicht bestreiten. Die Härte und Willkür des Strafrechtes, das 160 totwürdige Verbrechen z. T. recht geringfügiger Art kannte und sich trotz seiner Grausamkeit bei der Bekämpfung des Verbrechens unwirksam zeigte, war unvereinbar mit dem Billigkeitsgefühl und der wissenschaftlichen Einsicht, die in England durch Beccaria stark beeinflußt wurde [2].

Die Art, wie die juristische Apologetik die Stabilität des gesamten Rechtes gegen ihre eigenen Bedenken verteidigt, kennzeichnet die Spannung zwischen positivem Recht und sozialer Entwicklung und den Geist der englischen Juris-

---

[1] Das ist mit deutlichen Worten in den Urteilen englischer Juristen ausgesprochen, die Hatschek, Engl. Staatsrecht Bd. I, p. 96 zitiert. Merkwürdigerweise liest H. das Gegenteil heraus.

[2] Vgl. die kritischen Bemerkungen Blackstone IV, 7. Beccarias Einfluß verrät sich in dem ganzen Kapitel. Das Strafrecht dient hier nur als Beispiel: eine Zusammenstellung der Punkte, bei denen Bl. die Reformbedürftigkeit des englischen Rechtes anerkennt, wäre lehrreich für die englische Rechtsgeschichte, ihre Stagnation und ihre Fortschritte.

prudenz. Bald beruft sich die juristische Apologetik auf die ursprüngliche Zweckmäßigkeit eines Rechtssatzes und macht den zum Gespenst gewordenen Geist der Vergangenheit zum Herrn der Gegenwart. Bald führt sie die Weisheit und Zweckmäßigkeit des ganzen Baues ins Feld, dessen Festigkeit nicht durch Wegnahme einzelner entstellender Steine erschüttert werden dürfe. Allerdings enthält jedes Rechtssystem Rechtssätze, deren Sinn und Zweck unverständlich geworden ist. Ihr Bestand bedeutet keineswegs die Auflösung der Rechtsidee. Denn sie erhalten sich als Mittel eines Gesamtzweckes, der fortfährt als vernünftig und notwendig empfunden zu werden. Aber indem die englische Jurisprudenz an ihre Unverletzlichkeit die Dauer des Gesamtbaues grundsätzlich knüpfte, verfiel sie der Ohnmacht der Stagnation.

Im englischen Rechte sieht Blackstone die absoluten Rechtsgrundsätze des Naturrechtes verwirklicht, die dauernden einheitlichen und allgemeingültigen Prinzipien, auf denen er im Sinne der naturrechtlichen Lehre das Recht aufbauen will. Für ihn ist das common law die Verkörperung von Vernunft und Gerechtigkeit. Da es die Präsumption der Vernünftigkeit für sich hat, können Absurditäten und Ungerechtigkeiten nicht zu seinen Bestandteilen gehören und müssen wegkonstruiert werden. Ein Grundsatz, der als ein Korrektiv für einzelne unerträgliche Folgen des Systems verwertet wird, sichert das Ganze vor jeder Kritik und Reform. Das Vollkommene ist nicht mehr entwicklungsfähig, das englische Recht also ebensowenig wie die Verfassung. Ist das positive Recht die Vollendung von Natur und Vernunft, so verlieren sie ihm gegenüber ihre kritische Stärke und ihre Schöpferkraft. Sie werden zu Mitteln, dem gegebenen Stoffe ein vernünftiges und wissenschaftliches Aussehen zu geben. Als dritte im Bunde der apologetischen Illusionen tritt die Rechtsgeschichte auf, die die ununterbrochene Kontinuität, die Ewigkeit der englischen Rechtsinstitutionen fingiert und sie in den Ursprüngen des nationalen Lebens verankert. Die naturrechtlichen und rechtsgeschichtlichen Ideen und der Schein absoluter Vernünftigkeit sind das geistige, idealisierte, in eine vorgeschichtliche oder historische Tatsache verwandelte Widerspiel der in dem eigenen Bewußtsein wirksamen Tendenzen. Indem die Rechtswissenschaft so sich und das Recht, das sie beschreibt, mit ihrem eigenen Spiegelbild rechtfertigt, verbaut sie sich den Weg zu einer kritischen Selbsterkenntnis auf geschichtlicher und philosophischer Grundlage.

Zu einer Rechtsidee wird die Empfindung der Zweckmäßigkeit, Vernünftigkeit, sozialen und sittlichen Notwendigkeit, die die erstarrten Rechtstatsachen nicht mehr erwecken und ausfüllen, in der Gestalt der Billigkeit, der aequitas. Ein verwandtes Prinzip kehrt in jeder Rechtsgeschichte wieder.

Es ist die vorwärtstreibende Kraft der Rechtsbildung, die, obwohl sie einer Reaktion gegen das jus strictum entspringt, doch so gut wie dieses das Resultat realer wirtschaftlicher und geschichtlicher Ursachen ist. Die aequitas, das Prinzip der Billigkeit, ist wie die Zwecke, denen sie dient, historisch bedingt, veränderlich und das wechselnde Ergebnis wechselnder Tendenzen. Wie sie lange Zeit den Überbleibseln einer überwundenen Rechtsordnung gegenüber individualistisch bestimmt war, so ist die Rechtsvorstellung der Billigkeit heute einem individualistischen positiven Rechte gegenüber sozialistisch bestimmt. In England hatte sich die equity, das bewegliche Prinzip des Rechtes, ein wirksames Organ geschaffen: der Gerichtshof des Kanzlers war nicht an den schwerfälligen Formalismus der ordentlichen Gerichtshöfe des common law gebunden. Wer in der equity das Königsrecht im Gegensatze zum Volksrechte sieht, verkennt ihr Wesen. Denn Volk und Volksrecht sind nicht die erstarrten Bildungen der Vergangenheit, sondern lebendige, veränderliche Organismen. Gerade durch die equity gewannen individuelle Rechtsbedürfnisse und Anschauungen und in ihnen die Volksüberzeugung Einfluß auf Rechtsprechung und Rechtsbildung. Eine Rechtsbitte eröffnete das Verfahren; der Grundsatz der Privatinitiative blieb gewahrt. Das Verfahren beruhte auf dem Befehl des königlichen Beamten und der allgemeinen Gehorsamspflicht der Untertanen. Also wirkten die freien Kräfte des Volkslebens, das persönliche Rechtsbedürfnis und die Staatsgewalt, die als Vertreterin des allgemeinen und des öffentlichen Interesses Recht setzte, in der equity zusammen. To temper and to mitigate the rigor of the law war ihre Aufgabe: die Härte des Gesetzesrechtes bestand in seinem starren Formalismus und in der absoluten Herrschaft des dinglichen Eigentumsrechtes. Die equity lenkte gegen Ende des Mittelalters in die Bahnen ein, die später die preußischen Könige einschlugen: sie schützte das Besitzrecht der copyholder gegen den Grundherrn. Dann diente sie den wirtschaftlichen Bedürfnissen der bürgerlichen Gesellschaft: sie bildete juristische Formen für die Rechtsbedürfnisse des Verkehrs, handliche Mittel des Kredits und der Besitzübertragung aus. Das war ihr letztes großes Werk. Nach der Revolution von 1688 war sie dem Geiste und den Rechtszwecken des common law erlegen. Von ihm aus war die Einheit des Systems hergestellt. Die equity hatte sich von dem allgemeinen Rechtsbewußtsein des Volkes und dem Staatswillen losgelöst. Sie rezipierte die Rechtsanschauungen der herrschenden Klassen und verfiel der Herrschaft der Formeln und Präzedenzfälle, der Schwerfälligkeit, Härte und Stagnation des common law. Hardwike, der Kanzler der Periode, die der Zeit Blackstones vorangeht (1736—56), paßte die equity grundsätzlich dem Gesetzesrechte an. Blackstone betrachtete die Einheit beider Systeme als Tatsache[1]. Die Rechtsgeschichte verstand das Wesen der equity nicht mehr und diente also ebenfalls der Verschmelzung von equity und Gesetzesrecht: sie führte den Unterschied auf Formalien des Prozesses, auf den geschichtlichen Stammbaum des equityverfahrens, auf seinen Zusammenhang mit dem kanonistischen Prozesse zurück.

In der englischen Rechtsentwicklung war die Zeit eingetreten, in der das Salz selber dumm wird. Die Kräfte, von denen eine Umbildung des Rechtes ausgeht, wurden seiner Unveränderlichkeit dienstbar gemacht: sie wirkten nur noch als negative Prinzipien. Die Gebundenheit der Rechtswissenschaft hatte rechtsgeschichtliche Folgen, weil ihr die Weiterbildung des Rechtes zufiel. Die Erhaltung des bestehenden Rechtes wurde Selbstzweck des Rechtes und erschien als die Vorstellung, die dem Rechtsbewußtsein seinen Inhalt gab, der sich an der Gewohnheit und den Rechtstatsachen bildete. Rechtswissenschaft, Staatsrecht, Philosophie atmen den gleichen Geist: Zweck des Rechtes ist die Erhaltung der traditionellen Rechtsformen, Aufgabe der inneren Politik die Erhaltung der Verfassung, Ziel des Denkens die bewußte Reproduktion eines Gedankeninhaltes, der das unwillkürliche Resultat äußerer Eindrücke ist, und die Richtschnur des sittlichen Handelns der Einklang mit den normalen, gesellschaftlichen Vorstellungen. Die Schöpferkraft verschwindet. Das wissenschaftliche, politische, juristische Denken geht in der Annahme von Formen und Anschauungen auf, die sich dem Geiste mit der zwingenden Gewalt der Tatsächlichkeit als notwendige Wirkungen einer natürlichen, geschichtlichen sozialen Außenwelt aufdrängen, ohne ein anderes vernünftiges kausales Recht zu beanspruchen als das, das ihnen schon ihr Dasein gibt. Aber die Vorstellung stellte sich als unvollziehbar heraus: die Form des geistigen Prozesses widersprach seinem Resultat. Wie der Geist das Verlangen nach kausaler Einsicht, logischer und sittlicher Gewißheit nicht ablegen konnte und durch die empirische Untersuchung seiner eigenen Natur am Empirismus irre wurde, so fand das staatliche und juristische Denken in sich Rechtsgrundsätze, die aus dem tatsächlichen, gewohnheitsmäßigen Rechtszustande nicht abgeleitet sein konnten, weil sie in ihm nicht verwirklicht waren oder ihm widersprachen. Die Berufung auf die Wirklichkeit war also hier eine Illusion oder Unwahrheit.

---

[1] ib. III, 27 (p. 433). But the systems of jurisprudence in our courts both of law and equity are now equally artificial systems founded in the same principles of justice and positive law . . . that the rule of property may be conform and steady. Hardwicke: And though proceedings in Equity are said to be secundum discretionem boni viri, yet when is asked: vir bonus est quis? the answer is: qui consulta patrum leges juraque servat. Letzteres angeführt von Hatscheck.

Aus den Rechtsideen, deren geistige Kraft nicht weggeleugnet und nicht ignoriert werden konnte, schuf die erstarrte Rechtswissenschaft und das erstarrte Staatsrecht das Reich der Fiktionen, der kraftlosen Schatten- und Traumbilder, die das Denken über die Wirklichkeit und über seinen eigenen Inhalt täuschen sollten. Für ein lebendiges Denken und Wollen entstand in ihnen eine Welt wirkungsvoller Ideen, in denen sich die unsichtbaren Triebkräfte des individuellen und gesellschaftlichen Lebens, die ein konservativer Empirismus grundsätzlich übersah, zum Bewußtsein und zu geistiger Wirkungsfähigkeit erhoben.

Die konservative Rechtstheorie vermochte mit dem Hinweise auf die Tatsächlichkeit der Institutionen die Zweifel und Reformforderungen nicht zu bannen. Deshalb rief sie die Fiktionen, die Schatten der Ideen herbei, um auf sie ihr apologetisches Gebäude zu stützen. Damit erkannte sie ihre Berechtigung und Notwendigkeit an. Recht und Stärke des englischen Radikalismus lag darin, daß er mit den apologetischen Fiktionen der traditionellen Rechtslehre gerüstet war und die Ideen in das Leben zurückrief, die ohne Gestaltungskraft leere Schatten waren. Bei jeder seiner Forderungen konnte er sich auf anerkannte Rechtsprinzipien berufen, auf das Recht der Mehrheit, auf die souveräne Gewalt des im Unterhause konzentrierten Volkswillens, auf die rechtbildende Kraft der Volksüberzeugung, die Notwendigkeit einer vernünftigen, zweckmäßigen, klaren Gestaltung des Rechtes, die Allgemeinheit des Rechtsschutzes. Selbst wenn er für die Rechtsüberzeugung des Richters eintrat und den Gedanken verfocht, daß Vernunftwidrigkeit die Gültigkeit eines Parlamentsbeschlusses aufhebe, blieb er auf dem Boden der alten Theorie. Freilich brachte es die Ironie der Geschichte mit sich, daß sich die Autonomie der Gerichte zunächst gegen die radikale Gewerkschaftsbewegung richtete.

Selbst mit seiner radikalsten Forderung, der Forderung einer systematischen Umbildung des Privatrechtes, verließ der Radikalismus die Anschauungsweise nicht, die als berechtigt anerkannt war. Der Antiquar mag in der Unveränderlichkeit der Formen und Worte die Kontinuität des Rechtes finden. In Wirklichkeit besteht die Kontinuität des Rechtslebens in der Fortdauer von Rechtszwecken und Rechtsideen. Diese bedürfen, um wirksam zu bleiben, einer Erneuerung und Umbildung der Rechtsformen. Denn das Recht besteht nur in und mit seinem ökonomischen Inhalt. Angewandt auf veränderte wirtschaftliche und gesellschaftliche Verhältnisse wird gerade das alte Recht zu einem neuen oder veränderten Rechte, weil die alten Rechtsformen ihre Wirkungsweise ändern und die ursprünglichen Rechtszwecke durch sie nicht mehr erreicht werden.

IV.

Die Gegensätze zwischen den Rechtsbegriffen und den ökonomischen Vorstellungen.

Die Rechtswissenschaft beherrschte in England die Rechtsbildung. Da sie zu einer Interpretationskunst geworden war, zwängte sie das ökonomische Leben in ihr Begriffssystem. Sie ignorierte die Veränderungen in dem Aufbau der Gesellschaft. Neue ökonomische Bildungen ließ sie rechtlich ungeschützt oder gab sie ihren eigenen ungeregelten Trieben und der Übermacht der mit den traditionellen Rechtsformen bewaffneten Kräfte preis.

Von der Stagnation des Denkens war die Nationalökonomie weniger ergriffen: sie erkannte die eigenartigen wirtschaftlichen Lebensgesetze der kapitalistischen, bürgerlichen Gesellschaft. Aber an dem überlieferten juristischen Begriffssysteme hielt sie fest. An das parlamentarische Staatsrecht, an die grundlegenden Rechtsinstitutionen rührte ihre Kritik nicht. Als unerklärte historische Tatsachen nimmt Smith Grund- und Kapitaleigentum hin: er erklärt weder ihren Ursprung noch ihre Natur noch ihre Notwendigkeit, sondern nachdem er ausgesprochen hat, daß sie die natürliche Preis- und Wertbildung stören, zergliedert er ihre Wirkungsweise innerhalb der auf sie begründeten Wirtschaftsordnung.

Die zwei Arten, das gesellschaftliche Leben zu betrachten, die ökonomische und die juristische, bewahrten den Schein der Eintracht nur, indem sie gewissermaßen eine künstliche Gewaltenteilung vollzogen. Die Nationalökonomie vergaß die Rechtsnatur ihrer Voraussetzungen und die juristischen Wirkungen ihrer Gesetze, die Rechtswissenschaft die ökonomischen Ursachen und den wirtschaftlichen Inhalt ihrer Formen. Diese war stabil, jene abhängig von den beweglichen Faktoren des gesellschaftlichen Lebens. Die Disharmonie des Denkens hatte reale Gründe: in ihr zeigte sich ein Antagonismus, der im Innern der Gesellschaft vorhanden war, ehe er auf eine Umbildung der Rechtsformen hinwirkte. Die inneren Widersprüche zwischen der ökonomischen Theorie und dem Verwaltungsrechte, dem Prozeßverfahren, dem materiellen Rechte waren das erste Symptom einer Umwälzung des Rechtes.

Die Nationalökonomie sprach die Lehre von der freien, nur durch wirtschaftliche Notwendigkeiten bestimmten Preis- und Lohnbildung aus. Die soziale Tätigkeit der Friedensrichter, die administrative Regulierung des Arbeitslohnes und der Lebensmittelpreise, die Beeinflussung des Arbeitsmarktes durch die gesetzliche Armenpflege verloren ihren Boden, sobald diese Lehre anerkannt war. Damit war die zentrale Stellung der Friedensrichter, die soziale Bedeutung des selfgovernment erschüttert und die Verwaltungsreform des 19. Jahrhunderts vorbereitet, die die administrative Ergänzung der Parlamentsreform war.

Eine der Säulen der englischen Freiheit und der persönlichen Rechtssicherheit war der Rechtssatz, daß jedes Urteil auf einem Spruche der Standesgenossen, der pares, beruhe. Er war seit dem Mittelalter das Prinzip des gerichtlichen Verfahrens. Ein veralteter Rangunterschied, der Gegensatz von Adel und Bürgertum blieb in der Jurisprudenz das differenzierende Merkmal[1]. Die Klassengegensätze, die im sozialen Leben und bei den realen Rechtskonflikten die alten Standesunterschiede verdrängten, wurden als rechtlich belanglos behandelt. Als Privilegium der Peers wurde das Rechtsprinzip mit der Rücksicht gehütet, die das stagnierende Recht veralteten Standesrechten zollte; in seinen allgemeinen Wirkungen dagegen war es gerade durch seine Starrheit in sein Gegenteil verkehrt. Der Geschworenendienst war an einen Zensus geknüpft, er war Pflicht und Recht des Besitzes. Durch die Spruchpraxis wurde das Recht fortgebildet. Während die Rechtsbedürfnisse und Rechtsanschauungen der besitzlosen Masse des Volkes unvertreten waren, übte die Rechtsprechung einen latenten Einfluß zugunsten des dinglichen Eigentumsrechtes und der besitzenden Klassen aus, der formell unanfechtbar war. Die ökonomische Untersuchung der Gesellschaft verriet ihre wahre Struktur und die realen Klassengegensätze: das höchste Formalprinzip des englischen Prozesses war seinem Wesen und seinen Zwecken entfremdet und damit die persönliche Rechtssicherheit im Sinne des englischen Rechtes aufgehoben.

In England gehörte das Vertrauen auf die Unparteilichkeit der Gerichte, das durch ihre politische Unabhängigkeit und ihre strikte Unterordnung unter das positive Recht großgezogen war, zu dem Rechtsglauben des Volkes und war selbst ein Faktor der Rechtsbildung. Eine rechtliche Teilung der Gesellschaft durch eine Erneuerung von Klassen- oder Standesgerichten vertrug sich nicht mit der Einheit und dem

---

[1] The commoners, though some are greatly superior to others, yet all are in law peers in respect of their want of nobility; so Blackstone nach Coke 2 Jnst. 29.

individualistischen Wesen des modernen Staates, das dem Rechtsleben die Gestalt eines Zusammenwirkens und eines Konfliktes gleichberechtigter Individuen gibt. Das Ansehen und die Zusammensetzung der Gerichtshöfe blieb unangetastet. Aber während früher die Rechtsbildung an die Spruchpraxis anknüpfte und dem in ihr herrschenden Geiste und der ihr anhaftenden Stabilität unterworfen war, belebte sich jetzt die parlamentarische Rechtsbildung aufs neue und ordnete die Gerichte ihrem Willen unter. Die rechtbildende Kraft des gerichtlichen Urteils, das nach englischem Rechte nicht nur Entscheidung eines Einzelfalles, sondern maßgebender Präzedenzfall ist und also legislatorische Wirkungen hat, wurde geschwächt. In kritischen Augenblicken der Gewerkschaftsbewegung wurde im Einklange mit dem formellen Staatsrechte, im Widerspruche mit dem Geiste der alten Verfassung gerichtlichen, den traditionellen Rechtsgrundsätzen entsprechenden Entscheidungen das parlamentarische Gesetz oder Verbot entgegengesetzt: So wurde die Schadenersatzpflicht der Gewerkvereine für den von ihren Mitgliedern für die Zwecke des Vereins und unter seinem stillschweigenden Einflusse angerichteten Schaden, die das Gericht aus den allgemeinen Prinzipien des englischen Rechtes abgeleitet hatte, durch Gesetz beseitigt. Auf dem gleichen Wege waren die Wirkungen des Urteils beseitigt worden, das dem Eigentum der Gewerkvereine den gerichtlichen Schutz versagte. Das common law hörte auf sich aus sich selbst, durch seine eigenen Organe fortzuentwickeln oder fortzustagnieren.

Die Unveränderlichkeit und Stabilität des Rechtes war nicht nur ein formales und methodisches, sondern ein materiales Prinzip. Das Recht diente der Erhaltung einer sozialen Macht- und Eigentumsverteilung, die das notwendige durch Vererbung und Übertragung immer wieder erneute Resultat unveränderlicher Rechtssätze war. Die Wissenschaft leitete diese und ihre Notwendigkeit bald psychologisch aus der Natur des Denkens und Wollens, bald historisch aus ihrem uralten, der Willkür entzogenen Bestande, bald aus der nationalen Eigenart Englands, und schließlich aus den Gesetzen des ökonomischen Lebens und dem Naturgebote ab.

Im common law ist das System der objektiven Rechte, der Rechtssubstanzen geschlossen, räumlich und zeitlich lückenlos und schon darum als ganzes unveränderlich: jede Veränderung besteht in einer Übertragung bestehender Rechte; der Boden ist verteilt; jedes Grundstück muß einen Eigentümer haben; irgendwo muß das Eigentumsrecht an einem Grundstücke ruhen und ein Grundstück kann keinen Augenblick ohne Eigentümer sein[1]. Der Eigentumscharakter ist

[1] Blackstone II, 16 (p. 258) every thing capable of ownership

eine Eigenschaft des Bodens, die sich ökonomisch in Grundrente umsetzt. Das für sich bestehende Eigentumsrecht zieht einen Eigentümer an sich. Jedes Grundstück hat gewissermaßen einen Rechtsanspruch auf einen Eigentümer. Wo er fehlt, tritt der Staat ergänzend ein. Nur die Rücksicht auf das Recht des Individualwillens verhinderte das englische Erbrecht die Konsequenz des Zwangseigentums zu ziehen. An dem Immobilienrechte orientierte sich die Theorie des Eigentumsrechtes. Andere Arten des Eigentums wurden nach Analogie des Grundeigentums konstruiert. Wenn sich ihr ökonomisches Wesen dem Immobilienrechte nicht anpaßte, begnügte sich die Rechtswissenschaft die juristischen Folgen ihrer eigenartigen wirtschaftlichen Natur im einzelnen anzuerkennen, ohne ein durchdachtes System auszubilden, das dem Immobilienrechte ebenbürtig zur Seite getreten wäre. Auf das System der Rechte, deren Substanz sich verändert und neu entsteht, wurde die Geschlossenheit der Bodenrechte, die von ihren subjektiven Trägern nicht geschaffen, sondern nur ausgenutzt und verteidigt werden können, übertragen.

In der Rechtstheorie, die das tatsächliche Recht beschrieb, spielte nur noch die Übertragung vorhandener Rechte durch gesetzliche Vererbung oder durch den Willen des Eigentümers eine Rolle. Die ursprünglichen Erwerbsarten, Okkupation und Gebrauch, haben durch die staatliche Eigentumsordnung ihre Wirksamkeit verloren. Es gibt nur noch eine Übertragung und eine Teilung von Rechten, die als Zerlegung des substantiellen Rechtsträgers gedacht ist. Ein Vertrag stipuliert Leistung und Gegenleistung; sonst wird seine formelle Gültigkeit bestritten [1]. Der Kauf ist Rechtsverzicht und Rechtsverlust auf der einen, Rechtserwerb und Rechtsgewinn auf der anderen Seite. Die substantielle Form des Tauschmittels, des Geldes und seiner Ersatzmittel, erleichterte es der Jurisprudenz bei ihrer stofflichen Auffassung zu verharren. Die aequitas dati et accepti, der Grundsatz der Gleichwertigkeit der Tauschobjekte, hat in der englischen Jurisprudenz juristische tatsächliche Wahrheit erhalten. Er schließt Vermehrung der Rechte durch einseitige Verpflichtung aus. Nur zugunsten des Arbeitserwerbs scheint die Idee der Geschlossenheit des Rechtssystems eine Ausnahme zu machen. Er wurde als diejenige der ursprünglichen Erwerbsarten bezeichnet, die aktuelle Bedeutung behalten hat. Eine scheinbar ökonomische, in Wahrheit juristische Kritik der kapitalistischen Rechtsordnung wandte später auch auf den Arbeitstauschvertrag den

---

should have an owner, ib. II, 11, III (p. 175) the fee simple of all lands must abide somewhere. Auf Mobilien übertragen: it (chattel interest) can never be in abeyance or without an owner.

[1] Die Jurisprudenz rezipierte den Rechtssatz ex nudo pacto non oritur actio.

Grundsatz der Notwendigkeit einer inhaltlichen Gleichheit von Leistung und Gegenleistung an.

Neue Gewohnheitsrechte entstehen nicht mehr: die wahre Rechtsquelle des englischen Rechtes, das Gewohnheitsrecht, ist vertrocknet[1]. Die Rechtswissenschaft befand sich in offenbarer Verlegenheit, wenn sie die Bildung neuer Rechte oder die Verstärkung alter anerkennen oder erklären sollte. Sie entschloß sich dazu nur in wenigen exzeptionellen Fällen: bei dem Klagerecht in Popularklagen, das durch das Verbrechen geschaffen, aber zu einem subjektiven Rechte des Klägers wurde, bei dem remitter und retainer, verwickelten Rechtsproblemen, die die seltsame Gebundenheit der Rechtsanschauung offenbaren und bei denen es sich um singuläre Rechtslagen handelt, wo die Ausübung eines subjektiven Rechtes durch eine besondere Rechtsstellung unmöglich wird, wie das Klagerecht eines Gläubigers, der Verwalter der Masse wird, und wo deshalb ein ergänzendes neues Vorrecht entsteht[2]. Sonst ist die gerichtliche Schöpfung eines neuen Rechtes nicht möglich. Jedes Urteil ist die Bestätigung eines vorhandenen Rechtes; jeder Prozeß setzt eine Rechtsstörung, die Verletzung eines bestimmten einzelnen, bestehenden Rechtes voraus; jede Rechtsverletzung muß sich, um gerichtlich faßbar zu sein, gegen ein wohlerworbenes sichtbares Einzelrecht richten.

Durch Fiktionen wird die widerstrebende Wirklichkeit den Ideen, die das Rechtsbewußtsein beherrschen, angepaßt. Deshalb kommt in ihnen der Geist eines Rechtssystems am deutlichsten zum Vorschein. Indem dem Stoffe, der Tatsache erst durch eine Scheinkonstruktion die geistige Natur des Rechtes mitgeteilt wird, wird die Unmöglichkeit anerkannt, auf einem anderen Wege im Einklang mit dem realen Vorgange den Stoff juristisch zu gestalten. Der persönliche Rechtswille besitzt die Kraft neue Rechte und neue Rechtsverpflichtungen zu schaffen, weil er die lebendige Quelle neuer Leistungen ist. Die englische Jurisprudenz sah in ihm das

---

[1] Der wichtige Grundsatz der Geschlossenheit des Gewohnheitsrechtes findet sich bei der Behandlung des copyhold und sonst als Rechtsaxiom: for that amounts to the creation of a new custom which is new impossible, vgl. Blackstone II, 26 (p. 424).

[2] Es kann nicht die Aufgabe einer orientierenden Darstellung sein, die komplizierten Fälle klarzulegen, aber gerade die Verlegenheit zeigt den Geist des Rechtes. Zum remitter Blackst. III, 2, p. 20 ff., zum retainer IV. 2, 1 und 2. Der Gläubiger, der Verwalter der Masse ist, kann seine eigenen Ansprüche nicht gegen den Rechtsvertreter des verschuldeten Vermögens, d. h. gegen sich selbst vor Gericht geltend machen nach den Grundsätzen des common law und erhält deswegen ein außergerichtliches Vorzugs- oder Okkupationsrecht. Man sieht wie die dingliche Rechtsstellung das persönliche Recht beschlagnahmt und dieses dagegen reagiert.

zweite konstitutive Prinzip des Rechtes. Aber um dem Resultat des persönlichen Willensaktes die Stärke eines wahren Rechtes zu geben, verwandelte sie es in eine objektive Tatsache. Nicht der Vorgang, sondern ein fiktiver Zustand wird zur Grundlage des Rechtes. Um die strikte Ausführung von Verträgen erzwingbar zu machen, fingierten die Billigkeitsgerichtshöfe, daß das, was getan werden soll, als Recht bereits verwirklicht sei und bestehe. Damit der Vertrag rechtlichen Schutz gewinne, wurde ein Eigentumsbestand künstlich konstruiert und auf dieser fiktiven Grundlage das Vertragsrecht aufgebaut: nur die wirkliche Eigentumsordnung schien Objekt des Rechtsschutzes zu sein [1].

Eigentum war der zentrale Begriff des juristischen, Wert der Angelpunkt des ökonomischen Denkens. Der Eigentumsbegriff stand fest und nahm an der Stabilität der Rechtsanschauung teil. Um das Wertproblem bemühte sich die Nationalökonomie und glaubte eine befriedigende Lösung gefunden zu haben. Beide Vorstellungen enthalten jedoch ein veränderliches, relatives, geschichtlich bedingtes Element. Inhalt und Wirkungsweise des Eigentums wechseln mit dem Gesamtcharakter der Rechts- und der Wirtschaftsordnung. Der Wertbegriff ist der fixierte geistige Niederschlag einer fortschreitenden Entwicklung. Er wird also von der Wirklichkeit überholt und hinkt ihr nach. Der Wertbegriff enthält deshalb ein irrationales Element: er deckt sich nicht vollständig mit den Kräften, die den Wert konstituieren, weil diese die Wirklichkeit beeinflussen, ehe sie begrifflich klare Gestalt gewonnen haben. Aber das irrationale Element des Wertbegriffes wird leichter empfunden als der flüssige Bestandteil des Eigentumsbegriffes, der den Schein seines absoluten Charakters länger behaupten kann, weil er mit dem Zwangsrechte anerkannter, juristischer Ideen gerüstet ist und in seinem begrifflichen Wesen nicht unmittelbar von den spontanen Kräften des ökonomischen Lebens beeinflußt wird.

Im Werte stellt sich das wirtschaftliche Wesen der Dinge dar, das das Resultat ihrer ökonomischen Beziehungen ist; im Werte gewinnen die wirtschaftlichen Gesetze erst einen fühlbaren, im Verkehre verwendbaren Ausdruck; durch ihn werden die individuellen Urteile und Entschlüsse bestimmt. Er scheint sich als subjektive Tatsache zu bilden, und wirkt als objektives Verhältnis. Er ist der Regulator des ökonomischen Lebens. Das Wertproblem ignorierte die Rechtswissenschaft, weil sie nur mit den substantiellen Trägern der Rechte, mit den sichtbaren Rechtsobjekten rechnete und im

[1] ib. III, 27, 3 (p. 438) what ought to be done, shall be considered as being actually done and shall relate back to the time when it ought to have been done originally.

Geiste des Empirismus von den unmittelbaren Eindrücken der sichtbaren Außenwelt abhängig blieb, ohne sich um verborgene Ursachen zu bekümmern. Dem Wertbegriffe aber konnte sie sich doch nicht entziehen, weil die inneren Beziehungen von Wert und Eigentum feststanden und sich in konkreten Fällen fühlbar machten: bei Zwangsenteignungen oder beim Schadenersatz, der im englischen Rechte eine große Rolle spielte, mußte an die Stelle der Substanz der Wert gesetzt werden. Die Jurisprudenz konnte sich der Erkenntnis nicht verschließen, daß Eigentumsgröße und Werthöhe einander entsprechen. Die soziale Macht des Eigentumsrechtes stellte sich in der Werthöhe des Besitzes, und nicht mehr unmittelbar in einer politischen oder rechtlichen Herrscherstellung dar. Das Recht identifizierte selbst estates und quantities of interest, das Eigentum und seinen wirtschaftlichen Inhalt, der durch die kapitalistische Gesellschaftsordnung erst seinen besonderen Wertcharakter erhielt. Das Eigentum schwand tatsächlich zusammen im gleichen Verhältnis mit seiner ökonomischen oder Wertentleerung. Eigentumsrechte ohne Wertinhalt, ein mere right of property, lebten nur als obsoletes Rechtsverhältnis ohne praktische Bedeutung fort. Während Eigentum und Wert korrelate Begriffe wurden, operierte das juristische Denken mit einem Wertbegriffe, den das ökonomische Denken entleerte. Während Eigentumsgröße und Werthöhe in ihren Wirkungen und in der Vorstellung zusammenfielen, blieben Eigentumsbildung und Wertbildung gesonderte Prozesse im Denken nnd in der Wirklichkeit. Das Eigentum ist individuell, der Wert ist gesellschaftlichen Ursprungs. Das Wesen des Eigentums besteht in dem Ausschluß aller anderen Eigentumsrechte, der Wert entsteht nur in innigem Zusammenhang mit allen anderen Werten. Er ist eine Relation und ein Resultat der allgemeinen Produktionsverhältnisse. Das Eigentum haftet an der Substanz; als Werte gehen die Wertsubstanzen in ein System dynamischer Beziehungen ein, in dem ihre Substanz, ihr substantieller Gebrauchswert zur allgemeinen Voraussetzung ihrer Verwertbarkeit wird und zu der Wertgröße nur noch mittelbare Beziehungen hat. Die Eigentumsrechte bestehen fort als Teile einer traditionellen Eigentumsordnung durch ihre eigene Kraft, die Werte bedürfen einer steten Erneuerung in dem gesellschaftlich organisierten Produktionsprozeß und dieser spielt sich, wenn er nicht ins Stocken geraten soll, in der Form einer beständigen Wertvermehrung ab. Die Eigentumsordnung stammt aus der Vergangenheit, der Wert wird durch die Gegenwart und die Rücksicht auf die Zukunft bestimmt. Die Vermehrung der Substanz, an der der Wert haftet, bedingt nicht eine Wertvermehrung, sondern an sich eine Wertverminderung, weil sie das Angebot vergrößert. Die Wertsteigerung vollzieht sich auf negative Weise durch die Spannung zwischen den ökonomisch-wirksamen Bedürfnissen und den Befriedigungsmitteln.

Die Gesetze der Eigentumsbildung und der Wertbildung verloren ihren inneren Zusammenhang. Aber ihre Resultate verwuchsen miteinander und zwar so, daß das erstarrte Eigentumsrecht den organischen Prozeß absorbierte. Die Wertvermehrung auf negativem Wege verwandelte sich in positive Eigentumsmacht. Trat der Wert in die Rechtswelt, in die Welt individualisierter fester Eigentumsrechte ein, so löste er sich von dem Gesetze seiner Bildung los. Dem Wertzuwachs entsprach kein neues Recht. Die Welt war vergeben; er hatte nicht, wo er sein Haupt niederlegen konnte und schloß sich an die bestehenden Eigentumsrechte an.

Die englische Rechtswissenschaft kam von einer sinnlichen, substantiellen Eigentumsvorstellung nicht los. Eine volle Verwirklichung des Eigentumsrechtes sah sie in der exklusiven Verfügungsgewalt, wie sie der körperliche Besitz verleiht. Deshalb vermochte sie eine Wirklichkeit nicht mehr begrifflich zu beherrschen, in der sich das Eigentum mit einem unkörperlichen Wesen erfüllte. Sie hielt an dem grundsätzlichen Unterschiede von beweglichem und unbeweglichem Eigentume, property personal und real property, fest. Sie verstand jedoch nicht den inneren Unterschied beider Besitzarten begrifflich zu fassen, weil die juristisch-ökonomische Natur beider Arten von Eigentumsrechten zusammenwuchs. Deshalb hielt sich die Jurisprudenz an äußere unterscheidende Merkmale, die das Rechtswesen der Eigentumsarten nicht affizierten, an die größere oder geringere körperliche Beweglichkeit oder Vergänglichkeit. Nur die Begründung des Unterschieds mit der besonderen politischen Natur des Bodens und des Grundeigentums scheint das Wesen der Sache zu berühren. Jedoch trug der Gedanke einen äußerlichen, sinnlichen, privatrechtlichen Charakter: die englischen Juristen dachten dabei an eine äußere Eigenschaft des Bodens, an seine Unfähigkeit sich der Jurisdiktion des englischen Staates zu entziehen. Die einzige reale Folge der politischen Natur des Grundeigentums, das Verbot des Grunderwerbs durch Ausländer, bestand noch zu Blackstones Zeit, wurde aber später beseitigt. In England verlor ein Unterschied, auf dem das juristische Begriffssystem aufgebaut wurde, seinen juristischen Sinn; denn hier verschwand die besondere rechtliche Natur des Bodens. Rechtlich war seine Verkäuflichkeit und die Teilbarkeit des Grundeigentums anerkannt; juristisch, gesetzlich war es mobilisiert und dem beweglichen Eigentum gleichgestellt. Die ökonomische Formel für den besonderen Charakter des Grundeigentums, nach der seine Unbeweglichkeit der notwendigen Stabilität der landwirtschaftlichen Betriebsbedingungen entspringt, paßte in England nicht mehr: durch das Pachtsystem war Eigentum und landwirtschaftlicher Betrieb, Bodenkapital und Betriebskapital geschieden. Also war das Eigentumsrecht an Grund und Boden ein beweglicher Wert wie andere Eigentumsrechte und nicht mehr durch seinen unmittelbaren Zusammenhang mit der landwirtschaftlichen Produktion und dem landwirtschaftlichen Betriebskapital gebunden, die sonst das Bodeneigentum ihrer eigenen Stabilität unterwerfen. Das Grundeigentum war der juristische, veräußerliche Träger der kapitalisierten Grundrente, ein Grundkapital nicht im Sinn eines Produktionsmittels — denn das Produktionsmittel war die Bodensubstanz — sondern eines kapitalistischen Vermögensrechtes, das erst durch die gesellschaftliche Sitte seine juristische Beweglichkeit wieder einbüßte.

In den zinstragenden Papieren, namentlich den Staatsschuldscheinen trat den englischen Juristen eine neue Art des Eigentums in sichtbarer Gestalt entgegen. In der Tat behandelten sie sie wie einen neuen Rechtskörper. Sie nahmen die Fähigkeit Zinsen zu bringen schließlich als immanente Eigenschaft des Geldes hin, Die obsolete, durch die Tatsachen gelöste Frage nach der Erlaubtheit des Zinses wurde immer wieder hervorgeholt und immer wieder mit einer feststehenden Antwort entschieden. Der Prozeß der kapitalistischen Wertbildung, das ökonomisch-juristische Wesen des Kapitals trat noch nicht in den Bereich des juristischen Denkens, als die kapitalistische Natur des Eigentums bereits die ganze Wirkungsweise der Eigentumsordnung bestimmte.

Das ökonomische Denken stand unter dem unmittelbaren Einflusse des wirtschaftlichen Lebens. Ohne dem Kapitalbegriffe systematisch zu Leibe zu gehen, empfand es doch seine zentrale Bedeutung und erkannte die Verwandtschaft und den Gegensatz der beiden Eigentumsarten, die sich in die Herrschaft über die Gesellschaft teilten, während die Jurisprudenz sich begnügte, veraltete Anschauungen äußerlich auf sie anzuwenden. Locke erklärte die kapitalistischen Eigenschaften des Geldes aus der Möglichkeit durch den Erwerb von Grundeigentum die Herrschaft über die dauernden Bodenkräfte und mit ihr den Anspruch auf eine bleibende Grundrente zu gewinnen: Diese Verwertungsmöglichkeit soll dem Geld einen Wert und Preis geben, der den Zinsfuß in ein bestimmtes Verhältnis zur Grundrente setzt. Smith betrachtet Grundrente und Kapitalzins als analoge historisch-rechtliche Tatsachen und Störungen der natürlichen Preisentwicklung[1]. Ricardo teilt den Ertrag der Produktion zwischen ihnen und dem Arbeitslohn. Aber weder bei Locke, noch bei Smith, noch bei Ricardo verdichtet sich die latente Kritik, die sich bei

[1] W. o. N. I, VIII Einl.

Ricardo zu ausgesprochener Feindschaft gegen die Grundrente steigert, zu einem Angriffe auf die juristischen Grundlagen des Rentenrechtes. Ohne ihre eigenen inneren Beziehungen zu finden, gingen ökonomisches und juristisches Denken nebeneinander her.

Die Arbeitswerttheorie ist die Fiktion, die den Gegensatz von Wertbildung und Eigentumsordnung, Produktionsgesetz und sozialer Machtverteilung verdeckt. An ihrer juristischen und ökonomischen Irrealität kann ebensowenig ein Zweifel bestehen, wie an der Realität ihrer geistigen Macht. Mit der Unbefangenheit, mit der der liberale Empirismus häufig die Axiome seines Rechtsbewußtseins in die Wirklichkeit verlegt, spricht Locke ihren zwiefachen, ihren wirtschaftlichen und rechtlichen Inhalt aus: die Arbeit, d. h. die aktive Teilnahme an der Produktion gibt einen Anspruch auf einen entsprechenden Anteil an dem Ertrag; die Arbeit schafft den Wert und differenziert ihn; das in der Ware enthaltene Arbeitsquantum ist der Maßstab des Wertes. Bei Hume trägt die Arbeitswerttheorie den Charakter allgemeiner sozialer Ideen über die volkswirtschaftliche und politische Bedeutung der Arbeit. Die klassische Nationalökonomie nahm sie zum Ausgangspunkte ihrer Wertlehre. Der Jurist Blackstone beweist ihr seine Hochachtung, indem er unter Lockes Einfluß die Arbeit die wichtigste der ursprünglichen Erwerbsarten nennt[1].

Die Arbeit, d. h. die aktive Teilnahme an der Produktion, die sich in überwiegendem Umfange als körperliche Arbeit darstellt, schafft innerhalb der geschlossenen Produktionsgesellschaft den Wert und den Wertzuwachs, weil in ihr positive und negative Wertschöpfung zusammenfließen; denn durch sie werden nicht nur die Wertsubstanzen hergestellt, sondern auch die kaufkräftigen Bedürfnisse geschaffen und verstärkt, die die Spannung zwischen Bedürfnissen und Befriedigungsmitteln erzeugen und vermehren. Das ist die Tatsache und der Gedanke, auf dem die Arbeitswerttheorie ruhte. Die Juristen verlegten ihre volle Wirksamkeit in die prähistorische, naturrechtliche Vergangenheit. Indem sie sie so außer Kraft setzten, nahmen sie weiter keinen Anstoß an der Unvollständigkeit ihrer ökonomischen Wirkungen in der Gegenwart. Die Nationalökonomen verwerteten sie als notwendige ökonomische Anschauungsform und als Grundgesetz des ökonomischen Lebens, ohne überhaupt an ihre juristischen Folgen in einem Rechtssysteme zu denken, das sich als das System wohlerworbener persönlicher Rechte gibt. Denn das juristische Denken orientierte sich an der tatsächlichen von

[1] Belege Locke of civ. gov. II, § 27 (Works London 1812, §§ 40, 42, Hume, Essay of commerce: every thing in the world is pur chased by labour. Trade and industry are realy nothing but a stock of labour. Für die klassische Nationalökonomie bedarf es keines Beweises. Blackstone II, 1 (p. 5).

der Vergangenheit geschaffenen Eigentumsordnung und nicht an den lebendigen Bildungsgesetzen des Wertes.

Die Arbeitswerttheorie reiht sich den charakteristischen Fiktionen des englischen Rechtes an. Denn sie ist ein Symptom des Zwiespaltes zwischen der erkennbaren, rechtlichen, sozialen Außenwelt und den Kräften, die beginnen auf die Wirklichkeit und auf das Bewußtsein stärker einzuwirken als der sichtbare geschichtlich und rechtlich fixierte Zustand. Als ökonomisches Prinzip postulierte sie die Einheit von Wertbildung und dem Gesetze einer gesellschaftlichen auf der persönlichen Arbeit ruhenden Produktion. Wäre sie als Rechtsprinzip anerkannt, so würde aus ihr die Einheit von Wertbildung und Eigentumsbildung folgen; die Eigentumsrechte würden mit den subjektiven Rechten verschmelzen und diese sich durch die aktive Teilnahme an der Produktion bilden. Der Rechtsanspruch des dinglichen Eigentums würde zugunsten des Anspruchs der Arbeiter auf den vollen Ertrag ihrer individuellen oder gemeinsamen Arbeit verkürzt und beseitigt. Wo sein eigenes Klasseninteresse in Frage kam, erkannte Blackstone die juristische Berechtigung der Arbeitswerttheorie an: er verlangte die Sicherung des vollen Ertrags der geistigen oder schriftstellerischen Produktion für den Autor.

Die formalen Prinzipien des Rechtes sichern seinen materiellen Inhalt. Der Stabilität der Rechtsformen entsprach die Geschlossenheit des Systems der erworbenen Rechte. Das common law war die Gesamtheit der Rechtsformen und der Rechte, deren Erhaltung jene dienten. Aber die gleiche Doppelseitigkeit besaß auch das ideelle fiktive Recht: die Fiktionen waren Rechtsprinzipien, die nach einem materiellen Inhalt verlangten. Wenn sich der englische Radikalismus auf die fiktiven, nicht verwirklichten Rechtsprinzipien berief und ihre Erfüllung verlangte, gewann er einen sicheren Rechtsboden und einen legitimen Charakter; er legte die revolutionäre Tendenz ab. Genügen konnte ihm jedoch die Anerkennung der ideellen Formalprinzipien der Rechtstheorie nicht. Die Allgemeingültigkeit gleicher Rechtsnormen, die die juristische Theorie dem englischen Rechte nachgerühmt hatte, diente dem Scheine der Rechtsgleichheit, während die besitzlose Masse tatsächlich rechtlos, d. h. des Gebrauchs der Rechtsmittel beraubt war. Die radikale Forderung der Allgemeinheit eines wirksamen Rechtsschutzes suchte das Wesen der Rechtsordnung dem Scheine anzupassen. Wenn Bentham den Plan entwarf, das Privatrecht nach einheitlichen, vernünftigen, klaren Prinzipien aufzubauen, wiederholte er fast mit den gleichen Worten eine Fiktion, die Blackstone auf das positive Recht anwandte, dessen Verworrenheit und Systemlosigkeit dem apologetischen Panegyrikus Hohn sprach. Aber weder die formelle Allgemeingültigkeit des Rechtsschutzes noch die Sichtung und klarere Gestaltung des Privatrechtes konnte die Geschlossenheit einer traditionellen Rechts- und Eigentumsordnung brechen, die sich unter dem Schutze der Formalprinzipien des common law konsolidiert hatte. Wenn der Radikalismus sie zu lockern und die Rechtsordnung inhaltlich umzugestalten suchte, knüpfte er an die Ideen an, denen die ökonomische und juristische Doktrin einen Stoff unterwarf, dessen reale Gestalt und wirkliche Bewegung den Prinzipien der Theorie widersprach. Von der Idee aus suchte er die Einheit von Stoff und Gedanken zurückzugewinnen, und er konnte sich dabei auf das empiristische Erkenntnisprinzip berufen, nach dem die Idee nur die notwendige Folge der wahren, in der Materie wirksamen Kräfte ist. Die radikale Arbeiterbewegung setzte die Arbeitswerttheorie in Wirklichkeit um, indem sie die Sicherung des Arbeitsertrages für die Arbeiter unter Anerkennung eines Unternehmergewinnes und eines normalen Kapitalzinses zu erreichen suchte, die radikale Agrarbewegung den Grundsatz der Mobilisierung des Bodens als eines Produktionsmittels, indem sie Freiheit, Verkäuflichkeit und Sicherheit des Besitzrechtes der agrarischen Produzenten unter Verwandlung der Grundrente in einen konsolidierten Zinsanspruch verlangte.

V.

Das persönliche und das dingliche Rechtsprinzip und ihr Verhältnis im System des englischen Rechtes.

Eigentumsrecht und Recht des Individualwillens sind die Prinzipien des englischen Rechtes in seiner dreifachen Ausgestaltung als eines privatrechtlichen, staatsrechtlichen und ökonomischen Systems. Auf Eigentumsrecht und Vertrag, durch den sich der Individualwille bindet und in dem er sich äußert, beruhen Rechtsansprüche und Verpflichtungen; auf ihnen baute das Staatsrecht Souveränität und Untertanenpflicht, also den Staatsverband auf; auf sie gründete die naturrechtliche Staatsphilosophie ihr ideelles Abbild der Wirklichkeit. Eigentumsrecht und individuelle Arbeit sind die Faktoren, aus denen die Nationalökonomie die Bewegung und Gestalt des wirtschaftlichen Lebens ableitete. Freiheit des persönlichen Willens und Freiheit und Sicherheit des Eigentums galten der politischen Theorie für den letzten Zweck aller staatlichen Einrichtungen, für Wirkung und Kennzeichen der freien Verfassung, die als höchstes nationales Gut gefeiert wurde, und der ökonomischen, sozialen Freiheit, auf der das Gedeihen des Volkes und des einzelnen Menschen beruhen sollte.

In der Theorie stand der Prinzipat des persönlichen, individuellen Rechtsprinzips fest. Wenn Blackstone die Grundsätze des Rechtes aus einer einheitlichen Wurzel abzuleiten sucht, legt er dem Eigentumsrechte den Besitzwillen zugrunde [1]. Das Gewohnheitsrecht ist die Quelle des Rechtes, aber sie wird gespeist durch den berechtigten Willen; denn die ungestörte Fortdauer eines Rechtes ist der Beweis der Fortdauer

---

[1] Blackst. II, 1 (p. 9). Property being thus originally acquired by the first taker which taking amounts to a declaration that he intends to appropate the thing to his own use, it remains in him . . . till such time as he does some other act which shews an intention to abandon it angewandt auf die Lehre vom vorlorenen Gut. Blackst. verwendet naturrechtliche Gedanken, aber er wählt aus, was der eigenen Rechtsanschauung kongenial ist. Das einleitende Kapitel zur Lehre vom dinglichen Eigentum ist instruktiv, weil naturrechtliche Lehren auf positive Rechtsverhältnisse angewandt werden und dadurch manche geistige Zusammenhänge klar werden. Eine Analyse wäre für das Verständnis der englischen Rechtsgeschichte wertvoller als Geschichten des Eigentums von Adam bis auf unsere Tage.

der Zustimmung; demnach begründet nicht die Kontinuität der Tatsache, sondern die Kontinuität des Willens das Recht, das zuletzt den Willen selber bindet. Dem Gesamtwillen vindiziert das Staatsrecht die absolute Souveränität und mit ihr die Herrschaft über die Rechtsordnung. In dem Vertrage, der Äußerung des Rechtswillens, sah die Staatsphilosophie den staatgründenden Akt. In der Auffassung des Eigentumsrechtes weichen die naturrechtlichen Lehren voneinander ab, indem sie seinen Ursprung bald in die vorstaatliche Zeit verlegen und so das Eigentumsrecht der Staatsmacht überordnen, ihn bald dem Staate zuschreiben und so das Eigentumsrecht zum abhängigen Geschöpf einer staatlichen Rechtsbildung machen, bald ein Kompromiß zwischen Gesellschafts- und Legaltheorie schließen und das Eigentumsrecht als solches für ein vor- und überstaatliches Individualrecht, die positive Eigentumsordnung für ein Werk staatlicher Rechtsetzung erklären: einig sind sie, bei aller Verschiedenheit in der Auffassung der Stärke des dinglichen Eigentumsrechtes, in dem Gedanken an das unbedingte Recht, die Ewigkeit, die Primogenitur und Herrscherstellung des persönlichen Rechtswillens.

In dem positiven Rechte und der praktischen Rechtswissenschaft kehrte sich das Verhältnis um. An die Stelle der Autonomie des individuellen Willens und der Persönlichkeit trat die absolute Herrschaft des dinglichen Eigentumsrechtes. Dieses wird nur individualisiert, um die Persönlichkeit und ihr Rechtsleben an sich zu ketten. Das common law ist der Inbegriff der Eigentumsrechte und der ihrer Sicherheit dienenden Rechtsformen. In diese dingliche Eigentumsordnung, über deren Schwelle der absolute Herrschaftsanspruch einer exklusiven Eigentumsgewalt steht, wächst der Mensch mit seinem Rechte und seinem Willen hinein.

Die bevorzugte Stellung vor der positiven Rechtsordnung, die die liberale, naturrechtliche, von den Juristen rezipierte Lehre dem individuellen Rechtswillen anwies, war ihm verhängnisvoll. Der Individualwille, die freie menschliche Rechtspersönlichkeit steht neben der Rechtsordnung: in der prähistorischen, naturrechtlichen Fiktion steht er vor und über der Rechtsordnung, also außerhalb der staatlichen Rechtsordnung. Der Schöpfer ist unabhängig von der Schöpfung. Das Eigentum wird der Inhalt der Rechtsordnung, die sich mit ihm selber schützt und einen dinglichen Charakter annimmt. Die Rechtspersönlichkeit geht nicht in die Rechtsordnung ein, sie bleibt selbständig und schutzlos. Schutz und Zwang bedingen einander. Der wirksame Schutz des Willens und der Rechtspersönlichkeit verflüchtigt sich, wo diese sich dem unmittelbaren Zwange entziehen und nur mittelbar beeinflußt und genötigt werden können. Wenn die englische Jurisprudenz ein Gut unmittelbar zum Objekt des Rechtszwanges und

Rechtsschutzes machen will, unterwirft sie es dem Eigentumsbegriffe: Leben, Gesundheit, alles, was Gegenstand eines persönlichen Willensaktes werden kann, namentlich die Arbeit, die soziale Lebensäußerung der Persönlichkeit. Es charakterisiert das englische Rechtsbewußtsein, daß die Gewerkvereine ursprünglich das Arbeitsrecht, das sie schützen wollten, als wohlerworbenes, persönliches Eigentumsrecht des gelernten Arbeiters betrachteten, und daß die Arbeitskraft als Kapital des Arbeiters dargestellt wurde. Während die Eigentumsrechte als Teile einer objektiven Rechtsordnung einander schützen, stehen Persönlichkeit und subjektiver Rechtswille in individueller Ohnmacht da. Die Macht des Willens reicht genau so weit, als er mit Eigentumsrechten gerüstet ist. Ohne diese Waffe hat er nur negative Kraft. Denn Recht ohne Macht ist ein leerer Schein. Es ist genau so, wie es die gesellschaftliche Apologetik in unbewußter Selbstironie ausspricht: das Eigentum ist die einzige und unentbehrliche Grundlage von Persönlichkeit und Individualität.

Wenn der Wille aus sich heraus und in die soziale Außenwelt tritt, wird er festen, starren, unabänderlichen Normen unterworfen. Blackstone begründet theoretisch das Eigentum auf den Besitzwillen. Er selbst muß sich den Einwand machen, daß dann das Eigentumsrecht mit dem Tode erlöschen und also das Eigentum wieder frei werden müsse. Die Jurisprudenz half sich mit der Repräsentationsidee, die in der englischen Rechtswissenschaft eine große Rolle spielte: der Wille stirbt nicht mit der Person des Vaters oder Eigentümers, sondern er lebt im Sohne oder Erben fort; der Rechtsnachfolger repräsentiert seinen Vorgänger. Das ist eine Fiktion; denn der Wille ist seiner Natur nach die lebendige Kraft der lebendigen Persönlichkeit. In Wirklichkeit verschmilzt die Kontinuität des Rechtes mit der Kontinuität der Eigentumsordnung, der Summe der zu einem Ganzen verbundenen Eigentumsrechte, die sich von Generation zu Generation vererbt und in der sich das Eigentum den persönlichen Rechtswillen dienstbar macht. Die Zugeständnisse, die das formelle Recht dem persönlichen Prinzip in dem Grundsatze der Vererbungsfreiheit machte, wurden durch den tatsächlichen Rechtszustand und die gesellschaftliche Sitte paralysiert.

Das Staatsrecht gab dem Gesamtwillen theoretisch die gleiche Freiheit wie das Privatrecht dem Individualwillen. Es sprach dem gegenwärtigen Staatswillen die volle souveräne Gewalt, unbedingte legislatorische Befugnis, die Herrschaft über das Recht, das Erbe der Vergangenheit, zu. Aber praktisch band es ihn ebenfalls an Formen, die ihm die Bewegungsfähigkeit nehmen und das Werk des toten Willens verewigen. Aus dem Vertrage leitete die staatsrechtliche Theorie das Verhältnis von König und Volk ab: der Vertrag ist das Geschöpf des Willens, bildungsfähig, erneuerungsbedürftig. Die Bedingungen des ursprünglichen Vertrags waren nach der naturrechtlich-historischen Lehre umstritten. Da sie durch die Vernunft ausgelegt werden mußten, waren sie der Überzeugung, dem Einfluß des Volkswillens zugänglich. Nach der Revolution jedoch wurden die Bedingungen des Vertrages genau festgestellt[1]. Die Theorie läßt den Willen erstarren und ihn mit der positiven staatsrechtlichen Norm, mit den Formen, die er sich gegeben hat, verschmelzen. Wird ihre Übereinstimmung mit Natur und Vernunft vorausgesetzt, so wird dadurch die feststehende Norm nur weiter befestigt und so gestaltet, daß sie der Erhaltung und Verewigung eines feststehenden Rechtszustandes dient. Die Ewigkeit des Staates verwandelte sich in die Ewigkeit von Verfassungs- und Rechtsformen, die als der wahre, notwendige und vollständige Inhalt des Gesamtwillens dargestellt wurden. Der Inhalt dieser Formen stand fest; er erhielt sich unter ihrem Schutze durch seine eigene Festigkeit. Da die Eigentumsmacht die Organe des Staatswillens, namentlich das Parlament beherrschte und gestaltete, so war der Staat selbst nur der formelle Garant der Eigentumsordnung, durch die ihm sein Wille vorgeschrieben war. Gestützt auf den konstitutionellen Schein, erklärte die Rechtstheorie das Gesetz für den verwirklichten Volkswillen, obgleich es diesem an einem durch ihn selbst geschaffenen wirksamen Organe fehlte. Das war eine Scheinkonzession an die demokratischen Ideen, die in ihr ihre geistige Macht betätigten. Erst ihre Verwirklichung schuf wieder einen aktiven Staatswillen, der der Rechtsordnung frei und mit schöpferischer Selbständigkeit gegenüberstand. Bis dahin ging die Tätigkeit der Staatsorgane in der Ausübung feststehender Rechte auf, die den Willen ihrer Träger banden. Deshalb behielt der englische Staat trotz seines modernen Gewandes ein mittelalterliches Gepräge. Denn der mittelalterliche und nicht der moderne Staat war seiner Idee nach der wahre Rechtsstaat: im Mittelalter betätigte sich der rechtsetzende Wille als Feststellung, nicht als Schöpfung des Rechtes. Auch das Gesetz oder Statut kleidete sich in die Form eines Urteils, der Auslegung einer Rechtsordnung, die persönlicher Willkür und auch dem Gesamtwillen, der an sich nur kombinierte Willkür ist, übergeordnet wurde.

Rechtsordnung und Staatsverfassung verschmolzen mit der Eigentumsordnung. Die Souveränität des persönlichen Rechtswillens war nach der Anschauung der englischen Juristen Anarchie. Die Idee einer festen, stabilen Eigentumsordnung

[1] Das war ein staatsrechtlicher Synkretismus der Parteilehren, wie ihn die offizielle Theorie aufnahm; vgl. Blackst. I, 6 (p. 233).

setzten sie einer naturrechtlichen, wilden, anarchistischen Okkupationstheorie entgegen, die den individuellen Willen und, weil für den individualistischen Empirismus der Wille nur der Ausdruck zwingender äußerer Motive war, das Bedürfnis zum Herrn des Eigentums, der subjektiven Rechtsansprüche und der Gesellschaftsordnung machte. Denn der Wille war innerlich individualisiert: er besaß nicht mehr die Eigenschaften und die soziale Willensrichtung, die sich in dem Gefühle eines lebendigen Zusammenhangs mit einem persönlichen Rechtsverbande bilden. Aus der Empfindung der Notwendigkeit einer festen Rechtsordnung, die sich an die Eigentumsordnung anschloß, zog die dingliche Rechtslehre ihre beste Kraft in dem Konflikte zwischen dem wirklichen Rechtszustande und dem System der persönlichen Rechtsideen, die in Fiktionen fortlebten. Diese proklamierten die Herrschaft der Persönlichkeit, des individuellen und kombinierten Willens, jene das Regiment einer dinglichen Eigentumsordnung, die Persönlichkeit und Staatswillen absorbierte. Hier erscheint der Staat als persönlicher Verband, dort als die Organisation des Besitzes, der allein wirksame staatliche Rechte und politischen Einfluß verleiht.

Der Grundsatz der Individualisierung aller Vermögensrechte und die Bedeutung der persönlichen Privatinitiative, die beiden Grundgesetze des englischen Rechtslebens, scheinen der Persönlichkeit und dem persönlichen Rechtswillen den verlorenen Thron zurückzugeben. Jener wirkte auf das Bewußtsein mit der Stärke einer notwendigen Rechtsanschauung und Zweckvorstellung. Der Begriff eines Gemeinbesitzes war der englischen Rechtswissenschaft verloren gegangen. Blackstone unterscheidet nur zwischen Einzeleigentum und Okkupationsfreiheit. Den commons, den Gemeinheiten oder Allmenden, stand die Jurisprudenz verständnislos gegenüber. Für ihren Zusammenhang mit gemeinsamer genossenschaftlicher Produktion hatte sie keinen Sinn. Indem sie sie entweder als belastetes Eigentum des Grundherrn betrachtete und sie aus den wirtschaftlichen Bedürfnissen der Grundherrschaft ableitete oder sie als Summierung bestimmter, abgegrenzter Individualrechte behandelte, bereitete sie im Bunde mit Gründen ökonomischer Zweckmäßigkeit ihre Auflösung vor. Für die Ausübung korporativer Eigentumsrechte konstruierte die englische Korporationstheorie ein künstliches Individuum, dem sie womöglich als aktiven Träger des Rechtes eine natürliche Person substituierte, oder sie löste die korporativen Eigentumsrechte in individuelle Ansprüche auf. Trat der Staat als Träger von Eigentumsrechten auf, so wurde er in dem Souverän personifiziert. Ebenso unbedingt herrscht das Gesetz der persönlichen Privatinitiative und zwar im Privatrecht, im Staatsrecht, im ökonomischen Leben. Das Gesetz ist rule of civil conduct: es schafft also keinen objektiven Rechtszustand, sondern normiert Individualhandlungen. Der Prozeß beruhte auf dem Grundsatze der persönlichen Interessenvertretung; er verlangte die Aktivität der geschädigten Partei: wo kein Kläger ist, ist das Recht unwirksam. Eine Ausnahme wurde nur bei Unmündigen und Irrsinnigen gemacht, bei denen das Prinzip sich selbst aufhebt. Die Idee des Rechtsschutzes von Amtswegen, der Erhaltung einer Rechtsordnung durch das unmittelbare Eingreifen des Staates, die in Preußen, namentlich im Agrarrechte, feste Wurzeln getrieben hatte, war dem englischen Rechte fremd. Der gleiche Geist durchzog das Strafrecht. Blackstone spricht wohl noch den Gedanken aus, daß der Staat die Macht sei, die die Verletzung der sittlichen Ordnung, auf der die Gesellschaft ruht, kraft eigenen Rechtes und eigener Pflicht ahndet[1]. Aber dieser Gedanke verblaßte in der strafrechtlichen Theorie. Jedes Unrecht wurde als Verletzung eines persönlichen Rechtes gedacht. Der Staat ist nur der Beschützer der Individuen. Ein kasuistisches System des Unrechts entspricht genau dem System der persönlichen Rechte. Für das staatliche Strafrecht wird in dem Könige ein persönlicher Kläger und Träger der geschädigten Interessen konstruiert. Der Grundsatz der Privatinitiative blieb selbst im englischen Enteignungsverfahren gewahrt, also da, wo das absolute individuelle Eigentumsrecht in einen unlösbaren Konflikt mit allgemeinen Interessen, d. h. einer überwiegenden Summe anderer Einzelinteressen und seiner eigenen, allgemeinen ökonomischen Basis geriet. Der individuellen Initiative und persönlichen Entschlüssen überließ der Staat die Erhaltung der Eigentumsordnung, auf der sich seine Verfassung aufbaute: Zweck und Folge der entails, der Fideikommisse, war die Erhaltung der Besitzverteilung, an die die tatsächliche Verfassung, die Herrscherstellung der Aristokratie, geknüpft war. Sie wurden durch Verträge in privatrechtlichen Formen durch individuelle Willensakte ohne Mitwirkung des Staates geschaffen. Die politischen und sozialen Rechte wurden nicht als Bestandteile und Funktionen eines politischen Organismus angesehen, sondern als Geburtsrechte des einzelnen Engländers, die zu Eigenschaften seines Blutes wurden. Sie sind zugleich objektiviert, individualisiert und an die Person gekettet. Das staatliche Gesamtrecht ist die Summe politischer Personalrechte, deren Ausübung den staatlichen Organismus funktionieren läßt.

[1] Vgl. ib. IV, 1. Das öffentliche Strafrecht wird im einzelnen auf persönliche Schädigung des Königs, treason und felony, zurückgeführt. Blackst. Nachfolger verlieren das Verständnis für den inneren Unterschied von Privatrecht und öffentlichem Strafrecht. Sie berufen sich einfach auf das positive Gesetz.

Die Individualisierung des Eigentums, die Zerlegung des Rechtes in persönliche Rechte, das Prinzip der Individualinitiative bedeuten jedoch nicht die Herrschaft der persönlichen Rechtsidee und die Autonomie eines der menschlichen Persönlichkeit immanenten Rechtes. Der Wille ist der Knecht des Eigentums, die individuelle Macht ist in den Durchschnittsverhältnissen nicht die Ursache sondern die Folge des Eigentums, ohne das der individuelle Wille in Ohnmacht versinkt. Das unbezwingliche Verlangen nach Eigentum ist der geistige Ausdruck und die psychologische Folge der Tatsache, daß das dingliche Eigentum das einzige Mittel rechtlich gesicherter sozialer Machtbetätigung ist.

Hier vereinigen sich die Wege von Rechtswissenschaft und Nationalökonomie, die sich zu trennen schienen. Das Recht kettet den persönlichen Willen, das einzige Organ des Handelns, innerlich und äußerlich an die objektive Eigentumsordnung, die durch ihre Individualisierung die Persönlichkeit selbst an sich kettet. Die ökonomische Notwendigkeit beseitigt die Möglichkeit einer freien Selbstbestimmung und hebt so die Freiheit und Individualität des sozialen Wollens auf: der Wille ist gebunden durch das wirtschaftliche Prinzip, das ihm in dem sozialen Getriebe die volle Ausnutzung seines Eigentumsrechtes vorschreibt bei Strafe seiner wirtschaftlichen Selbstvernichtung; die Individualität ist gefesselt durch Eigentum und Lohngesetz. Der ökonomische und mit ihm der Rechtswille ist beherrscht von objektiven Faktoren, die sich dem Einflusse, ja dem Bewußtsein der handelnden Menschen entziehen. Die klassische Nationalökonomie füllt die Lücke aus, die die Rechtstheorie als Tummelplatz liberaler Illusionen offen oder unklar ließ. Sie ist nicht die Lehre der Individualität, und wenn sie das hohe Lied von der Freiheit anstimmt, so hat das genau den gleichen Wert wie Malthus' theologische Redensarten. Die klassische Nationalökonomie ist die Lehre von der Knechtung der Menschen durch den Mechanismus der ökonomischen Notwendigkeiten, die zu Rechtsnotwendigkeiten werden. In dreifacher Stufenfolge spricht sie ihren Gedanken aus: als empirische Notwendigkeit erscheint er bei Smith — und hier hat, wie das in dem Wesen der Erfahrungstatsachen liegt, ihr ehernes Gesetz die meisten Ausnahmen; als physische Notwendigkeit bei Malthus — und hier zeigt sie als Gesetz des notwendigen Elends unverhüllt ihr soziales Medusenhaupt; als absolute kalte dialektische Notwendigkeit bei Ricardo. Der wissenschaftliche Wert der Theorie liegt gerade in der Unterwerfung des Denkens unter das Gebot der Notwendigkeit, wie ihr sittlicher Grundgedanke die Anpassung des Willens an die ökonomischen Gesetze ist. Das ist das Wesen ihres Freiheitsbegriffes.

In die gleichen unzerreißbaren Fesseln, in die sie das Einzeldasein und den individuellen Willen schließt, schlägt die ökonomische Lehre den Gesamtwillen, den Staatswillen. Dadurch wird die geistige Einheit zwischen ihr und der Rechtswissenschaft verstärkt. In dieser verbindet sich die formelle Allmacht der souveränen Gewalt mit ihrer Ohnmacht zu freiem, positivem Schaffen. Die Handlungen der Organe des Staates bestehen in der Ausübung von gegebenen Rechten, in deren automatischer Wirksamkeit das Rechtsleben des Staates aufgeht, wie die persönlichen Rechtshandlungen nur das subjektive Recht verwirklichen, das in objektiven Eigentumsrechten ruht. Unwiderstehlich ist der individuelle Wille und der Staatswille, solange er das Organ ökonomischer Notwendigkeit ist und im Einklang mit den wirtschaftlichen Gesetzen handelt. Ohnmächtig vergeuden beide ihre eigene Kraft, sobald sie gegen diese Schranken anrennen. Preis und Preissystem, die äußere wirksame Form von Wert und Wertsystem, regulieren das soziale Leben. Alle Versuche, die ökonomische Wirklichkeit, die ihren eigenen Gesetzen folgt, zu meistern, lösen sich in Preismodifikationen auf und werden von den Faktoren paralysiert, die von einer tatsächlichen ökonomischen Grundlage aus Preis und Preissystem bestimmen. Sie bedeuten nur unwirksame lästige Störungen und Umwege.

Nicht allein in einer verworrenen Systemlosigkeit oder dem Fortwuchern zahlreicher obsoleter Bestimmungen, sondern in den inneren Antagonismen, dem unversöhnten Gegensatze von Idee und Wirklichkeit, dem ungelösten Widerspruche zweier Prinzipien bestand die Unklarheit des englischen Rechtes: eines persönlichen, das die Rechtsideen gestaltete, einem dinglichen, das sich das positive Recht in allen praktischen Verhältnissen dienstbar machte, einer Staatsidee, für die der Staat ein persönlicher Verband, der Staatswille die Gesamtheit oder Mehrheit der Individualwillen war, und eines positiven Staatsrechtes, in dem der Staatswille durch die Vertretung der Eigentumsrechte gebildet wurde, einer privatrechtlichen Theorie, die in der Persönlichkeit und ihrer Freiheit den letzten Zweck aller Rechtsinstitutionen zu sehen vorgab, und eines Privatrechtes, das die Persönlichkeit schutzlos ließ und nur das Eigentum und die nach der Analogie von Eigentumsrechten konstruierten Rechte schützte, einer volkswirtschaftlichen Anschauungsweise, die die Arbeit, die persönliche individuelle Lebensäußerung, für das Lebenselement der Volkswirtschaft erklärte, und einer Nationalökonomie, die die Individuen, den persönlichen Willen, das Einzeldasein, Gesellschaft und Staat den Gesetzen kapitalistischer Eigentumsverwertung und der wirtschaftlichen Notwendigkeit unterwarf.

Da wo der Gegensatz zwischen dem Rechtsprinzip und der tatsächlichen Rechtsordnung oder die Irrealität der Rechtsidee das positive Recht in sein Gegenteil verkehrte, empfand auch die Rechtswissenschaft den Widerspruch. Die remainders, die Anwartschaften, die in dem englischen Rechte eine große Rolle spielten, hoben die Autonomie des persönlichen Rechtswillens und den absoluten Charakter des individualisierten Eigentumsrechtes auf und zwar gerade durch die Schrankenlosigkeit des Vertrags- und Eigentumsrechtes. Zu ihnen gehörten die entails, die Familienfideikommisse. Sie erhielten durch einen von Generation zu Generation erneuerten, persönlichen Willensakt die Kontinuität und Stabilität der gesamten Grundeigentumsordnung, vernichteten aber die vermögensrechtliche Freiheit und die Beweglichkeit der Bodenwerte, also die Rechtsprinzipien der freien Verkehrsgesellschaft. Während das individualistische Eigentumsprinzip die Einheit des Vermögens durch die Person des Eigentümers herstellt und die Teilung des Eigentumsrechtes oder der Verfügungsgewalt verwirft, wurde durch die Entaillierung das dingliche Objekt, das Familiengut mit seinen zukünftigen Erträgen die vermögensrechtliche Einheit, die die Person des Eigentümers verdrängte. Es wurde eine perpetuity, die ewige unveränderliche Rechtssubstanz, die Rechtstheorie und Gerichtspraxis bekämpften. Die Anwartschaft teilte das Eigentumsrecht und hob seinen absoluten Charakter auf. Die Vergangenheit, der tote Wille bindet die Gewalt des gegenwärtigen Willens und dieser schafft sich in dem Rechte des Anwärters eine neue Fessel. Die Selbstvernichtung der beiden höchsten Rechtsprinzipien empfand Blackstone[1]: er erkannte, daß die Rechtsformen dazu dienten sich selber aufzuheben. Man merkt seinen Konstruktionen an, daß sein Rechtsbewußtsein den sicheren Boden verliert, auf dem die Rechtsformen mit ihrem Inhalte harmonieren. Er hilft sich mit dem Gedanken einer fiktiven Übertragung des vollen Eigentumsrechtes auf den Anwärter und verfällt schließlich auf einen sonderbaren Ausweg, um die Einheit von Recht und Rechtszustand zu retten: er erklärt das volle wahre Eigentumsrecht am Grundeigentum für verwirklicht, weil die Beseitigung der Entaillierung gesetzlich möglich wurde.

Die Notwendigkeit der persönlichen Rechtsinitiative entrechtet die Rechtspersönlichkeit und den ideellen Träger der Rechtsansprüche, wenn der persönliche Rechtswille, um wirksam zu werden, der dinglichen Eigentumsrechte bedarf. Der juristische Widerspruch war der logische Exponent eines sozialen Konfliktes. Die Masse des englischen Volkes war entrechtet, weil die Gerichte nur den besitzenden Klassen zugänglich waren. Das Recht und die Rechtsentwicklung reagierten gegen die Schutzlosigkeit der Persön-

---

[1] Vgl. ib. II, 11, p. 173 und II, 7.

lichkeit, die dem persönlichen Rechtsprinzipe widersprach. Seit der Zeit Heinrichs VII., in der die Masse der Besitzlosen die Aufmerksamkeit des Staates erregte, bestanden Keime eines Armenrechtes, die, ohne den Grundsatz der Privatinitiative aufzuheben, dem Armen die Gerichte öffnen sollten [1]. Das Recht dehnte nicht nur den Eigentumsbegriff auf alle persönlichen Rechte aus: es entwickelte auch die Lehre von den unveräußerlichen, unverlierbaren und unverwirkbaren Gütern und setzte so dem Willen Schranken innerhalb seiner eigenen Verfügungssphäre. Es unterwarf ihn einem prohibitiven Rechtszwange und erst dadurch einem unmittelbaren Rechtsschutze zunächst gegen sich selbst, mittelbar gegen übermächtige Beeinflussung. Für die Gültigkeit eines Willensaktes wurde Willensfreiheit verlangt: erzwungene, erschlichene, im Zustande der Unzurechnungsfähigkeit geschlossene Verträge wurden als ungültig betrachtet.

Aber die Palliativen und formalen Voraussetzungen verhüteten nur die handgreifliche Absurdität. Weiter reichte ihr Einfluß nicht. Das Armenrecht verkümmerte; denn die Kautelen gegen seinen Mißbrauch machten seinen Gebrauch zu einem Wagnis, und die Gesetzgebung geriet auf die gefährliche Bahn, auf der die legislatorischen Nebenzwecke, hier die Rücksicht auf die Bekämpfung der Prozeßsucht, den Hauptzweck vereiteln. Die elisabetheische Gesetzgebung sah sich genötigt den Armenschutz auf materiellen, nicht nur formalen Prinzipien aufzubauen. Bei der Frage des Schutzes der Willensfreiheit und der Folgen der mangelnden Willensfreiheit umgingen Recht und Rechtswissenschaft die kritischen Punkte; an die tatsächlichen, normalen, sozialen Zustände rührten sie mit ihren Bedenken nicht. Ein wirksamer Rechtsschutz der Willensfreiheit gegenüber der Übermacht des Eigentums wurde nicht ausgebildet.

In der staatsrechtlichen Apologetik erscheint die Unfreiheit des eigentumslosen Willens als unzweifelhafte Tatsache. Mit ihr wurde die Beschränkung des Wahlrechtes auf den Grundbesitz gerechtfertigt, die den demokratischen Fiktionen der parlamentarischen Doktrin Hohn sprach. In der privatrechtlichen Theorie wurde die gleiche Wahrheit vergessen. Ist der eigentumslose Wille unfrei, dann bricht die Rechtsgrundlage zahlreicher Verträge, der Kontrakte, auf denen die Produktion beruht, der Arbeitsverträge zusammen. Sie erliegen dem Rechtsgrundsatze, der die Willensfreiheit zur Voraussetzung der Gültigkeit macht. Nicht geringfügige, persönliche Modifikationen, sondern das Lohnverhältnis an sich bildet ihren Inhalt. Ihre allgemeinen Bedingungen wurden von dem Arbeitgeber einseitig festgesetzt, und er selbst ist

[1] stat. 11, Hen. VII c. 12; 23 Hen. VIII c. 15.

nur das Organ der ökonomischen Notwendigkeit. In der klassischen Nationalökonomie erwuchs einer Kritik der Arbeitsordnung, die von den anerkannten Prinzipien des Rechtes ausging, ein unfreiwilliger, aber wirksamer Bundesgenosse. Denn sie lehrte, daß die Gesetze ökonomischer Notwendigkeit, feststehende, objektive Faktoren den Arbeitslohn regeln und ihnen gegenüber die Freiwilligkeit leerer Schein ist. Die Rechtswissenschaft fuhr dennoch fort diese anzunehmen, weil sie auf die Fiktion der Freiwilligkeit nicht verzichten konnte, ohne den Boden unter den Füßen zu verlieren. Es gibt Fragen, die der Rechtspraxis verboten bleiben, weil sie sich von dem positiven Rechtszustande nicht emanzipieren darf und ihm den Schein innerer Rechtsmäßigkeit retten muß. Die Wissenschaft muß sie stellen, weil ihre Aufgabe die kritische Erkenntnis des Objektes ist.

Die dingliche Rechtsordnung stieß auf Schranken, die sie an die äußersten Grenzen der Rechtsordnung schieben, aber nicht aus ihr verdrängen konnte. Sie hemmten die Ausbildung der letzten Konsequenzen eines Rechtssystems, in dem die absolute Herrschaft des dinglichen Eigentumsrechtes der Persönlichkeit nur die Freiheit der Selbstaufopferung und der Anpassung an die Gesetze der ökonomischen Notwendigkeit ließ. Durch eine beschränkte negative Wirkung bewies das persönliche Rechtsprinzip seine Fortdauer in der realen Rechtswelt; in dem Rechtsbewußtsein entfaltete es seine volle Stärke. Aber das Organ, durch das es die Außenwelt ergreifen konnte, war gelähmt. Der persönliche Rechtswille war entweder Träger von Eigentumsrechten, und dann war er von ihnen innerlich beherrscht, oder er war abhängig von der fremden Eigentumsmacht. Der kombinierte oder Gesamtwille besaß keine Möglichkeit sich auf rechtlichem Wege zu äußern und zu betätigen. Nicht als ob der Staat verschwunden oder ohnmächtig gewesen wäre. Er ist notwendig für das Leben der Gesellschaft und für das Bewußtsein. Bei notwendigen Verhältnissen ist die Negation immer nur eine scheinbare, nur die Kehrseite positiver Wirkungen. Auch die Negation des Staates, die der englische Liberalismus vollzog, war eine scheinbare. Nur muß man sich nicht irreführen lassen durch die Namen und den politischen Schein, der Staat und Regierungsorgane zusammenfallen läßt, sondern man muß den Staat, d. h. die Macht, die mit zwingender Gewalt das Einzeldasein in das Leben der rechtlich und ökonomisch organisierten Gesellschaft eingliedert, da suchen, wo sie existiert und wirkt, in dem Leben der Gesellschaft, unbeirrt durch die Fortdauer der Ansprüche der ohnmächtigen Träger der formellen Souveränität.

Diese Macht war in England die Eigentumsordnung selbst, die das Wertsystem, die Verteilung des Produktionsertrages und dadurch die Gestalt des Einzellebens, das Maß von wirklicher Freiheit und wirklichem Rechte, das ihm zufiel, bestimmte. Der wahre Staat war ein dingliches, unpersönliches Wesen geworden. Sein Gesamtwille bestand in den notwendigen Gesetzen und Geboten der kapitalistischen Eigentums- und Produktionsordnung, sein Gesamtrecht und sein Gesamteigentum in der rechtlichen und ökonomischen Macht des Kapitals. Diese zerfiel in einzelne Bruchstücke, in deren Stärke und Wirkungsweise die innere Einheit des ökonomischen Lebens der Gesellschaft fortdauerte, in einzelne Werte, in denen sich wie in Leibnitz' Monaden die gesamte soziale Welt spiegelte. Nur soweit die Persönlichkeit Inhaber eines dieser Bruchstücke der sozialen Gesamtmacht war, hatte sie einen wirksamen Rechtswillen. In dieser Gestalt ging der englische Staat aus dem Staate des Mittelalters hervor: die politisch-persönlichen Abhängigkeitsverhältnisse verwandelten sich in wirtschaftliche Beziehungen; sie legten ihr persönliches Wesen, ihre örtliche Organisation ab und bestanden in der zentralisierten, unpersönlichen Macht des Kapitals fort.

Aber mit dem Staate, wie er im Rechtsbewußtsein lebte, verschmolz dieses dingliche, unpersönliche, verborgene Staatswesen nicht. Das ist der Sinn der apologetischen Fiktion, die den Staatswillen mit dem Volkswillen, d. h. dem kombinierten Individualwillen identifizierte. Sie glich den naturrechtlichen Ideen, die sich eine vorgeschichtliche Realität erdichteten, weil sie ihre Stärke in der geistigen Welt und die Unvollständigkeit ihrer Wirkungen in der gegenwärtigen Außenwelt erkannten. Wie diese, diente sie unwillkürlich dem werdenden Rechte. Die Gedanken des Radikalismus, Befreiung der Persönlichkeit, des Eigenrechtes der Persönlichkeit und des Staatswillens, der als Summe der Einzelwillen gedacht war, hingen zusammen. Seine geistigen Führer suchten die Einheit des Rechtes von dem persönlichen Rechtsprinzip aus zu gewinnen und die Fesseln des dinglichen Eigentumsrechtes zu sprengen, dessen Herrschaft dem persönlichen Willen und dem Staatswillen nur die Illusion der Freiheit ließ. Sie wahrten den geschichtlichen Zusammenhang mit dem Geiste des nationalen Rechtes, nicht indem sie einer gelehrten historischen Theorie folgten, sondern weit wirksamer in ihrem eigenen Rechtsbewußtsein, das sich an den Rechtsfiktionen und Rechtsideen bildete. In dieser organischen Entwicklung des Rechtsbewußtseins besteht die innere Selbständigkeit und die Kontinuität des englischen Rechtes weit mehr als in der Stabilität der Formen und der Sprödigkeit gegenüber fremden Rechtsgedanken. Deshalb und nicht seiner materiellen Schwäche wegen war der englische Staat dem Radikalismus gegenüber ohnmächtig: er vermochte die Ideen seines eigenen ideellen Rechtes nicht mit wirksamen Waffen zu bekämpfen trotz aller Versuche, radikale Bestrebungen gewaltsam zu unterdrücken.

Auch der ältere Liberalismus verlangte und verhieß die Befreiung der Persönlichkeit. Aber er vermochte die Stütze eines persönlichen Eigentumsrechtes nicht zu entbehren; noch Gladstone sah in der Ausdehnung der Eigentumsrechte das Wesen jeder sozialen Reform. Indes eine demokratische Verteilung der Eigentumsrechte vermochte der Liberalismus nicht durchzusetzen. So sah sich der Radikalismus auf die Bahn veränderter Rechtsorganisationen gedrängt und appellierte an die Allmacht eines von den Fesseln des Eigentumsrechtes befreiten Staatswillens. Er fuhr fort seine sozialen Forderungen mit individualrechtlichen Ideen zu begründen; er hielt an der Betrachtungsweise der klassischen Nationalökonomie fest, weil sie der theoretische Ausdruck des wirtschaftlichen Zustandes war, aus dem er selbst hervorwuchs. Er war der Erbe der Anschauungen, von denen das ökonomische und juristische Denken ausgegangen war, und der Erbe der Probleme, die sie den Freiheitsideen und den sozialen Rechtsgedanken stellten, eines ökonomischen und eines psychologischen Problems: Wie weit gestatten die Gesetze der ökonomischen Notwendigkeit der Persönlichkeit, der Rechtspersönlichkeit und der ökonomischen Persönlichkeit, und den sozialen Tendenzen des Gesamtwillens freien Spielraum, wenn die Schwierigkeit der Befriedigung notwendiger Bedürfnisse alle Kräfte der Individuen in Anspruch zu nehmen droht? Wie weit läßt sich der Wille qualitativ umbilden, damit sich die Individuen als lebendige Glieder einer Genossenschaft fühlen, die ihnen Schutz gewährt und sie über den Zustand isolierter Ohnmacht hinaushebt, mag es sich um einen wirtschaftlichen, privatrechtlichen oder politischen Verband handeln? Denn auf die persönliche Mitwirkung der Individuen rechnet der englische Radikalismus; den Grundsatz der Privatinitiative läßt er nicht fallen. Die an einem individualistischen Rechte gebildeten Rechtsanschauungen kennen nur eine Form des privatrechtlichen Wollens, einen Willen, der durch persönliche Zwecke und Interessen bestimmt wird, und nur eine Form des Staatswillens, einen Staatswillen, der in den Individuen lebt und durch sie wirkt. Deshalb tragen auch die radikalen Gedanken einen anderen Charakter, sobald sie auf einen anderen Boden verpflanzt werden. Denn der Sozialismus zeigt ein anderes Gesicht in einer staatlosen Gesellschaft, ein anderes da, wo der Staat in den Individuen lebt, ein anderes da, wo der Staat eine selbständige Macht ist und den Willen der Individuen durch ein festes System schwerer staatlicher Pflichten an sich kettet.

VI.

Das englische Agrarrecht und die Grundsätze des englischen Rechtssystemes und der klassischen Nationalökonomie.

Auf zwei Gebieten genügte niemals die Feststellung der Formen und Grundsätze, nach denen bei einem Zusammenstoß subjektiver Rechtsansprüche der Streit entschieden werden sollte: im Arbeiterrechte und Agrarrechte. Diese bilden die Form, in der sich die Produktion vollzieht. Bei ihr handelt es sich nicht wie bei der Feststellung der Eigentumsrechte um einen fertigen Zustand, sondern um einen lebendigen Prozeß, bei dem wohl eine theoretische Unterscheidung, aber nicht eine wirkliche Sonderung von Form und Inhalt möglich ist. Agrarrecht und Arbeiterrecht berühren unmittelbar die materiellen Lebensbedingungen der Gesellschaft und des Staates; sie dienen nicht nur der Beurteilung des Stoffes, sondern gestalten ihn selbt, sie enthalten die Organisation der produzierenden Gesellschaft und sind also wichtiger für das Leben der Produktionsgesellschaft als die Grundsätze, in denen sich die Eigentumsverteilung über sich selbst Rechenschaft gibt. Weil die Rechtsbildung in England stagnierte, war das formelle Recht nur ein unvollständiger Ausdruck des wahren Gemeinschaftslebens. Nur unvollkommen, durch zufällige Erwägungen geleitet, berücksichtigte die Rechtswissenschaft die wichtigsten Elemente eines Rechtsorganismus, der in seiner wahren, vollständigen Gestalt die Gesamtheit der als Rechtsnotwendigkeiten wirkenden und empfundenen Verhältnisse umfaßt; und deswegen erkannte sie auch den wahren Staat, die Macht die das Zusammenwirken der Individuen regelte, nicht, weder den Staat der überlieferten dinglichen, noch den Staat der werdenden persönlichen Rechtsordnung. Aber wie in Zeiten kirchlicher Erstarrung die unsichtbare Kirche und nicht die sichtbaren Kirchen die wahre religiöse Gemeinde bildet, so kann der unsichtbare Staat, der sich bildet und wird, im Gegensatze zu der sichtbaren politischen Organisation der wahre Träger des sozialen Gemeinlebens werden.

Nichts charakterisiert den formalistischen Charakter der englischen Rechtswissenschaft, in deren Hand die Entwicklung des Rechtes ruhte, besser als die Tatsache, daß in ihrem codex, in Blackstones System, das Arbeiterrecht ein juristisches Parergon bildet, das Agrarrecht mühsam aus zahlreichen verzettelten Bestimmungen zusammengesucht werden muß. Die Jurisprudenz besaß ein durchgebildetes, dingliches Eigentumsrecht; auf dieser Grundlage schuf sie ein Verkehrsrecht. An ein Produktionsrecht dachte sie nicht, wenigstens nur auf dem beschränkten Gebiete der geistigen Produktion, des Autorrechtes, während die Gesellschaft eine Produktionsgesellschaft wurde, deren Einheit durch das Zusammenwirken der rechtlich isolierten Individuen bei der Produktion hergestellt wurde, und die klassische Nationalökonomie dieser Tatsache einen theoretischen Ausdruck gab.

Die Agrarverfassung war als Eigentumsordnung und als Produktionsordnung die Grundlage der englischen Staatsverfassung. Das parlamentarische Wahlrecht war eine Pertinenz des Grundbesitzes, des freehold, das passive Wahlrecht war an einen Zensus geknüpft, der es zu einem Vorrecht des Großgrundbesitzes machte. Grundeigentümer waren die Träger der Selbstverwaltung; in ihrer Hand ruhte der Gerichtsdienst und die Führung der Miliz. Das gesamte Regierungs- und Verwaltungssystem setzte das Dasein einer Klasse von Grundeigentümern voraus, die von dem Eigentumsrechte an Grund und Boden d. h. von der Grundrente, ohne eigene landwirtschaftliche Tätigkeit lebten. Realisiert wurde die Grundrente durch die produktive Arbeit der Pächter. Die Überschüsse des Pachtbetriebes bildeten demnach die ökonomische Grundlage der öffentlichen Verwaltung. Obgleich die Grundsteuer als Staatssteuer verkümmerte, blieb sie die finanzielle Basis der Grafschaftsverwaltung, neben der die zentralisierte Verwaltungstätigkeit des Staates eine bescheidene Rolle spielte. Die Überschüsse des landwirtschaftlichen Betriebes bildeten das Einkommen der Träger der staatlichen Selbstverwaltung und der Verwaltung der Kirche, die politisch eng mit dem Staate verbunden war und wichtige Gebiete der öffentlichen Verwaltung übernahm. Das Grundeigentum der Kirche, die wichtigste Quelle ihres Einkommens, wurde durch Pächter bewirtschaftet. Das Agrarrecht war also ein Teil des realen Staatsrechtes. Wenn der Staat die Herrscherstellung des Grundbesitzes durch politische Mittel, die Grundrente durch seine Preispolitik sicherte, so schützte er damit seine eigene tatsächliche Verfassung.

Ohne Verständnis der Agrarverfassung ist ein Verständnis der ökonomischen, rechtlichen und politischen Entwicklung des modernen Englands unmöglich. Trotzdem ist das Problem nicht geklärt. Die allgemeinen Züge stehen fest. Ein statistisch genaues Bild der Eigentums- und Betriebsverhältnisse im 18. Jahrhundert zu gewinnen, ist aber nicht gelungen; nicht einmal die Frage läßt sich mit völliger Sicherheit entscheiden, wann die letzten Reste bäuerlicher Eigenwirtschaften verschwanden und wie weit die Verluste durch Neubildungen aufgewogen wurden. Weil das Wahlrecht am freehold haftete, könnte die Wahlstatistik einen Anhalt für die Schätzung der Eigentumsverteilung geben. Indeß die Abschätzungen der Wahlberechtigten sind unzuverlässig und durch Parteirücksichten beeinflußt. Sie enthalten zahlreiche Doppelwähler, Zwergeigentümer, die auch bei neueren Eigentumsstatistiken die Zahl der Eigentümer stark anschwellen lassen, und Pächter, weil die Pacht auf Lebenszeit rechtlich als freehold galt[1]. Recht und Nationalökonomik bieten die einzige Möglichkeit zu sicheren Rückschlüssen.

Sie setzen die Zustände voraus, die heute bestehen. Die bäuerliche Eigenwirtschaft spielte in England keine maßgebende Rolle mehr; wo sie bestand, paßte sie sich den allgemeinen Wirtschaftsbedingungen an, deren typische Betriebsform das Pachtsystem war mit der Trennung von Eigentumsrecht und Produktion, der rechtlichen Sonderung von Bodenkapital und Betriebskapital, der Scheidung der Landbevölkerung in Eigentümer, agrarische Unternehmer und besitzlose Arbeiter. Die Rechtszustände waren zu vollendeten, feststehenden wirtschaftlichen Realitäten, ökonomischen Anschauungsformen und Voraussetzungen des juristischen Systems geworden. Bei der agrarischen Rechtsordnung Englands mußte der Ertrag der Landwirtschaft in die Rente des Grundeigentümers. Die Zinsen des Betriebskapitals mit dem Gewinne des landwirtschaftlichen Unternehmers, den Lohn des Arbeiters zerlegt werden. Deshalb sah die englische Nationalökonomik in ihnen die Zweige, in die der Ertrag der Landwirtschaft nach seiner inneren Natur zerfalle, und selbständige Komponenten des Preises landwirtschaftlicher Erzeugnisse trotz seiner tatsächlichen Einheit. Die Möglichkeit einer wirtschaftlichen und rechtlichen Vereinigung von Bodenkapital und Betriebskapital oder von Bodenkapital, Betriebskapital und Arbeit und der Einfluß, den die Herrschaft eines solchen Agrarsystems auf Wertbildung und ökonomisches Denken haben müsse, trat überhaupt nicht in ihren Gesichtskreis. Diese Anschauungsweise behauptete, getragen durch den Einfluß der ersten wissenschaftlichen Volkswirtschaftslehre und die stille Einwirkung der englischen Volkswirtschaft auf die mit ihr durch die internationale Verkehrsgemeinschaft verbundenen Volkswirtschaften, ein kanonisches Ansehen, selbst da, wo sie sich durch die Wirklichkeit zu dem widerspruchsvollen Begriffe einer negativen Grundrente gedrängt sah, die da auftritt, wo der ökonomische oder rechtliche Zwang, den das Grundeigentumsrecht ausübt, einen Teil des Betriebs- und Arbeits-

[1] Blackstone II, 9, I (p. 143).

ertrages verschlingt und den Gesamtertrag des landwirtschaftlichen Kapitals unter das normale Zinsniveau sinken läßt. Die autochthonen Grundrentenanschauungen, die sich auf einem anders gearteten sozialen und rechtlichen Boden bilden müssen, pflegt die Geschichte des volkswirtschaftlichen Denkens zu übersehen, weil sie es nicht verstanden, sich ein wissenschaftliches Gewand zu geben, und weil sich die nationalökonomischen Dogmengeschichten in Geschichten der Vorbereitung, des Auftauchens und der Modifikationen der Dogmen der englischen, klassischen Nationalökonomie auflösen.

Das Rechtssystem einer Verkehrsgesellschaft, dessen Prinzip das absolute Eigentumsrecht und die absolute Verfügungsgewalt des Eigentümers ist, setzt Beweglichkeit der Eigentumsrechte, Sicherheit und Klarheit der Eigentumsordnung und Besitzordnung voraus. Sie fehlten der englischen Grundeigentumsordnung. Jahrhunderte hindurch kämpfte die englische Rechtswissenschaft einen vergeblichen Kampf um die Geltung und Verwirklichung der allgemeinen Prinzipien ihres Rechtes. Schon im Mittelalter begannen die Juristen die allgemeinen Grundsätze des Verkehrsrechtes gegen die aristokratischen Klasseninteressen zu verfechten. Der Streit durchzieht dann die englische Rechtsgeschichte bis in die neueste Zeit. Im Anfange der Verfassungskämpfe nannte Coke die Unklarheit und tatsächliche Gebundenheit des Grundeigentumsrechtes den schwersten Schaden der nationalen Rechtsordnung. Vergebens versuchte Blackstone den Widerspruch zwischen Rechtsprinzip und Rechtszustand zu verdecken. Die agrarischen Reformbewegungen des 19. Jahrhunderts enthüllen das gleiche unveränderte Bild.

Gesetzlich war das Grundeigentum mobilisiert: die Schranken der freien Veräußerung, Teilung, Vererbung und Belastung waren im Rechte gefallen. Zur Zeit der Restauration fielen die letzten gesetzlichen Beschränkungen fort. Tatsächlich gab es nur noch eine Form des Grundbesitzes: das freie, mit einigen gewohnheitsmäßigen Abgaben belastete Eigentum. Aber durch die gesellschaftliche Sitte, die fester und stärker war als der formelle Staatswille, wurde die freie Verfügungsgewalt des Eigentümers beseitigt, und mit ihr fiel die Verkäuflichkeit, Teilbarkeit und Belastungsfähigkeit des Bodens. Durch die entails wurde der Eigentümer zum Nutznießer; sein Recht war gebunden durch das Recht der Erben, das virtuell bereits wirksam war, und dieses wiederum durch das gegenwärtige Recht des Inhabers. Das Recht objektivierte sich dann: die Gebundenheit wurde tatsächlich zu einer Eigenschaft des entaillierten Bodens, der den größten Teil des englischen privaten Grundbesitzes umfaßte. Zu dieser Masse kam das

Grundeigentum der Kirche hinzu, das ebenfalls vermögensrechtlich gebunden war.

Das Grundeigentum wurde mit Rechtsansprüchen dritter, Verpflichtungen verschiedener Art, Anwartschaften, Familienrenten, Stiftungen so belastet, daß die Verfügungsgewalt des Eigentümers über den Ertrag und die freie vermögensrechtliche Leistungsfähigkeit des Eigentums zusammenschwand. Ursprünglich war die Belastung des Grundeigentums mit Rechtsansprüchen, die wegen der Rechtssicherheit wohlerworbener Rechte unangreifbar waren, ein Mittel es der politischen Verantwortlichkeit zu entziehen und die Konfiskation des Grundeigentums, die in der Zeit der Bürgerkriege eine oft gebrauchte Waffe war, unwirksam zu machen. In den unanfechtbaren Rechtsansprüchen an das Rechtsobjekt blieb der Ertrag unter allen Umständen der Familie gesichert. Die Konfiskation kam außer Übung: mit der politischen Natur des Grundeigentums verblaßte auch seine politische Verantwortlichkeit. An ihre Stelle trat die wirtschaftliche, und diese wurde durch das gleiche Mittel entleert. Die Belastungen machten nicht nur die Herrschaft über das Grundeigentum ökonomisch unvollkommen, sie zerstörten auch den Realkredit, die vermögensrechtliche Klarheit der Grundeigentumsverhältnisse und die Sicherheit des Verkehrs, der schon durch die Umständlichkeit und Kostspieligkeit der Grundeigentumsübertragung gestört war. Da sich die Belastungen der Öffentlichkeit entzogen, war kein Käufer davor sicher, nachträglich ältere verborgene Rechtsansprüche an das Eigentum oder seinen Ertrag zu entdecken, kein Gläubiger wußte, ob nicht seine Schuldforderungen durch ältere Belastungen der Vermögenssubstanz entwertet würden.

Blackstone nennt es eine notorische Tatsache, daß die Gerichtshöfe die Veräußerlichkeit und Teilbarkeit der Familiengüter begünstigen und die Schöpfung von starren, dem Individualwillen entzogenen Rechtssubstanzen als unvereinbar mit dem gemeinen Rechte und den sozialen Zwecken der Eigentumsordnung ansehen. Um die Klarheit, Sicherheit und Freiheit des Grundeigentums herzustellen und die Möglichkeit eines inhaltlich, vermögensrechtlich sicheren Grunderwerbs zu schaffen, wurden remedia juris ausgebildet, namentlich das Rechtsmittel der common recovery, eines Scheinprozesses, durch den der Käufer auf dem Wege eines Urteilsspruches gegen einen Scheinkläger ein klares und unbeschränktes Eigentumsrecht erstritt. Dann bot die souveräne Gewalt des Parlamentes ein Mittel durch ein Spezialgesetz, einen private act, gegen Hinterlegung einer allgemeinen Abfindungssumme die offenen und verborgenen Rechtsansprüche abzustoßen und die Freiheit des Eigentums zurückzugewinnen. Durch die Bankrottgesetzgebung wurde die vermögensrechtliche Haftbarkeit der Familienerbgüter auf persönliche Schulden des Inhabers ausgedehnt und die Verkäuflichkeit des Grundeigentums bei Zahlungsunfähigkeit des Besitzers ausgesprochen. Den Rechtszustand seiner Zeit schildert Blackstone mit den Worten: So ist das gebundene Grundeigentum Schritt für Schritt befreit worden und beinahe in der Lage, in der sich das bedingte Eigentum des gemeinen Rechtes nach Erfüllung der Bedingung befand, d. h. in der Lage von freiem Eigentum; der Inhaber des Familiengutes ist imstande seinen Grundbesitz zu veräußern, er ist berechtigt gültige Pachtverträge über die Dauer seines eigenen Lebens hinaus abzuschließen, soweit sie nicht den Grundsätzen einer vernünftigen Vermögensverwaltung widersprechen; er kann das Familiengut mit Schulden belasten, sogar mit solchen persönlichen Schulden, die nicht unmittelbar mit der Bewirtschaftung des Gutes zusammenhängen[1].

Ein merkwürdiges Wort, das mehr als alles andere die Ohnmacht des formellen Staatswillens beweist, der sich im positiven Rechte verkörperte. Er verlangte die Mobilisierung, Klarheit und Haftbarkeit des Grundeigentums. Hundert Jahre später aber erschallen die gleichen Klagen über die Unklarheit des Grundeigentums, die Schwierigkeiten der Eigentumsübertragung, die Störungen des Realkredits, deren Beseitigung Blackstone behauptet. Nur haben sich die juristischen Bedenken in soziale und politische Beschwerden verwandelt; an die Stelle der spontanen Wirksamkeit des Rechtes treten tastende unsichere Versuche durch unmittelbare Staatswirksamkeit, durch die Anlage von Grundbüchern oder fakultativen Güterrollen Öffentlichkeit, Klarheit und Sicherheit der Grundeigentumsverhältnisse zu schaffen, Versuche, die bei dem Widerwillen der Engländer gegen staatliche Kontrolle scheiterten. Das Gesetz vom 20. August 1882 (Settled Land Act 45 & 46 Victoria c. 38) will den Zustand herstellen, den Blackstone als rechtlich erreicht betrachtet, aber nicht einmal in gleicher Ausdehnung: es spricht dem Fiduziar, dem Nutznießer auf Lebenszeit, das Recht zu das Erbgut ganz oder teilweise zu verkaufen, Pachtkontrakte über die Dauer seines Lebens hinaus zu schließen und das Gut mit Schulden zu belasten unter Kautelen, die den Wertbestand des Fideikommisses und das Recht des Fideikommißerben wahren.

[1] Tendenz der Gerichtshöfe: ib. III, 10 (p. 178), II, 11 (p. 173) for courts of justice will not indulge even wills so as to create a perpetuity which the law abhors usw. Bankrottgesetzgebung: stat 21, Jac. I, c. 19; vgl. auch Blackstone II, 19 (p. 286), Zustand zu Bl. Zeit II, 7 Schluß. Die Worte sind nicht wörtlich, sondern nach ihrem juristischen Inhalt übersetzt. Zu dem heutigen Zustand vgl. Nasse, Agrarische Zustände in England (Schriften des Vereins für Sozialpolitik XXVII, nam p. 88, Rede Lord Cairns vom 11. Februar 1859).

Das Pachtrecht ist der eigentliche Kern des englischen Agrarrechtes: denn die Produktionsweise war weniger bestimmt durch die Regelung des Verhältnisses der Eigentumsrechte, die unabhängig neben der Produktion standen, als durch das Verhältnis des agrarischen Produzenten zum Eigentümer. Dem Rechte einer freien Produktionsgesellschaft würde die Freiheit der Produktionsweise, Sicherheit, Klarheit und freie Übertragbarkeit der Besitzrechte an Produktionsmitteln entsprechen. Denn so allein würde das Walten des wirtschaftlichen Prinzips und der persönlichen Interessen von allen rechtlichen Schranken befreit. Als Produktionsmittel war jedoch der Boden ebensowenig frei, mobilisiert und einer unbeschränkten Verfügungsgewalt unterworfen, wie als Eigentum. Die Verworrenheit und Unklarheit einer verwickelten Eigentumsordnung griff tief in die ländlichen Betriebsverhältnisse ein. Das Recht bildete ein künstliches System von Abstufungen des Eigentums- und Besitzrechtes, von stärkeren übergeordneten und schwächeren abgeleiteten Eigentums- und Besitztiteln aus. Das Pachtrecht war ein Besitzrecht; dieses schwächere abgeleitete Besitzrecht war das sichtbare und bei der Produktion wirksame, das stärkere Eigentumsrecht wurde nur bei der Übertragung ausgeübt und ruhte dann. Deshalb waren seine Schranken häufig verdunkelt. Trotzdem blieb das Besitzrecht des Pächters zeitlich und rechtlich an die Schranken des stärkeren Eigentumsrechtes gebunden, so daß die zeitlichen Grenzen und der Inhalt der übertragenen Rechte unsicher blieben. Selbst bei klaren Pachtkontrakten wurde das Recht des Pächters prekär, weil die Eigentumsrechte unklar waren. Während die Landwirtschaft Stabilität der Betriebsbedingungen verlangt, wurde die Grundlage des Betriebes unsicher. Mit dem Tode des zeitlichen Inhabers eines entail oder eines Kirchengutes erloschen nach strengem Rechte die Pachtverträge, weil der Inhaber nur für die Dauer seines eigenen Rechtes gültige Verträge schließen konnte.

Bei der gesellschaftlichen und politischen Bedeutung der Landwirtschaft konnte der Staat seine passive Haltung nicht behaupten. Die Rücksicht auf die Landeskultur zwang ihn zugunsten der Pächter den Folgen der Verworrenheit rechtlich unanfechtbarer Eigentumsverhältnisse vorzubeugen, namentlich als die Verstaatlichung der kirchlichen Institute dem Staate eine Fülle sozialer Aufgaben zuwies. Damals, zur Zeit der Kirchenreform, begann eine Gesetzgebung, die zwei Ziele verfolgte: Rechtssicherheit der Pächter, d. h. der ländlichen Produktion, und Sicherung der Grundrente für den Eigentümer, namentlich im Interesse der kirchlichen Verwaltung, die auf der Stätigkeit des Grundrentenertrages beruhte. Unter weitgehenden Kautelen wurden Pachtverträge für rechtsgültig über das Leben des Fideikommißinhabers hinaus erklärt und diese Bestimmung auf Pachtverträge ausgedehnt, die die zeitigen Inhaber von Kirchengütern schlossen[1]. Doch vermochte der mit der formellen Befugnis der Vertragsfreiheit gerüstete Individualwille den Staatszweck zu durchkreuzen. Prekäre Pachtverhältnisse wurden geschaffen, denen jede rechtliche Gewähr der Dauer fehlte. Dagegen wurde die Sicherung der kirchlichen Grundrente auch nach ihrem wirtschaftlichen Werte erreicht.

Die Unsicherheit des Besitzrechtes unterband die freie Gestaltung der Produktion nach rationellen Gesichtspunkten. Denn die Landwirtschaft bedarf, um technische und ökonomische Vollkommenheit zu erreichen, Stätigkeit der Produktionsbedingungen. An sich trafen in der Erhaltung und vollen Entfaltung der Bodenkraft staatliche, gesellschaftliche und individuelle Interessen, die Zwecke von Staat, Grundherrn und Pächtern zusammen. Aber die Interessen von Pächtern und Grundherrn mußten sich tatsächlich trennen, wenn der Pächter auf den dauernden Ertrag einer Betriebsweise, die die Zukunft berücksichtigte, nicht mehr rechnen und zu einer raschen und oberflächlichen Ausnützung der Bodenkräfte ohne vollständige Verwendung eines stabilen Betriebskapitals gedrängt wurde, und zwar zum Schaden der allgemeinen Landeskultur. Im 18. Jahrhundert beschränkte sich die Teilnahme der Grundherrn an der landwirtschaftlichen Produktion auf eine Kontrolle des Betriebes, deren Zweck war die Verschlechterung des Bodens, waste, zu verhindern. Unter waste verstand nun das Recht nicht nur jede dauernde Schädigung der Bodensubstanz, sondern jede dauernde Umänderung des Kultursystems, namentlich die Verwandlung von Acker in Weide oder Grasland. Bei den Pachten, deren Gültigkeit über das Verfügungsrecht des Verpächters ausgedehnt wurde, also bei dem entailierten und dem kirchlichen Boden, wurde das Verbot der waste eine gesetzliche Verpflichtung. In einer entscheidenden Frage der englischen Landwirtschaft war also das Selbstbestimmungsrecht des verantwortlichen Produktionsleiters unterbunden, wiewohl das wirtschaftliche Interesse, das Grundherr und Pächter verband, einem Zusammenwirken beider nach einheitlichen rationellen Gesichtspunkten den Weg bahnte. Im 19. Jahrhundert, als die Verwandlung von Ackerland in Weide aus dauernden ökonomischen Gründen zweckmäßig erschien, wurden die Grundherrn allerdings zu einer positiven Mitwirkung bei der Landeskultur veranlaßt, weil die Kosten der Umwandlung die Leistungsfähigkeit des Pächters überstiegen und sein Interesse zeitlich begrenzt war.

[1] Die wichtigsten Gesetze 32 Henr. VIII, c. 28, 1 Eliz. c. 19, 18 Eliz. c. 6. Das Zusammenwirken überlieferter Rechtsanschauungen, politischer, sozialer und kirchlicher Rücksichten kann auf beschränktem Raume nur angedeutet werden.

Die englischen Juristen wiesen dem Pachtrechte eine Mittelstellung zwischen dem Immobilien- und Mobilienrechte zu, eine beliebte aber nichtssagende Art von Kompromißcharakteristik. In Wirklichkeit war die englische Pacht kein einfacher, sondern ein doppelter Rechtsakt, und die juristische Konstruktion setzte die beiden Akte nur in eine lockere, äußerliche rechtliche Beziehung. Die Pacht vollzog sich nicht als Miete, sondern als beschränkte oder bedingte Eigentumsübertragung. Sie nahm an der Sollennität und Bestimmtheit der Immobilienübertragung teil, entsprach in dieser Gestalt der festen Verbindung von Eigentumsrecht und wirklichem Besitz, die die sinnliche Anschauungsweise des alten Rechtes verlangte, und gab dem Pächter nicht nur ein Nutzungsrecht, sondern ein festes Besitzrecht, das ihn unmittelbar gegen Besitzstörung schützte und ihm die gerichtliche Verteidigung seines Rechtes gegen Dritte überließ. Durch einen Personalvertrag verpflichtete sich der Pächter gleichzeitig zur Zahlung einer Rente. Es war eine persönliche Verpflichtung. Sie gab ihn der Härte des englischen Schuldrechtes preis; die rückständige Pacht konnte durch eine persönliche Schuldklage eingezogen werden, aber unmittelbar bezog sich der Rechtszwang nur auf die Beeinflussung seines Willens, nicht auf seinen Besitz. Die Zerlegung der Pacht in einen dinglichen und einen persönlichen Rechtsakt verhinderte die Verschmelzung beider zu einer Einheit, die Ausbildung eines veräußerlichen Wert- und Rechtsobjektes, die Umwandlung des einzelnen Pachtrechtes in ein bewegliches, von der Person lösbares Vermögensrecht durch die Möglichkeit einer gleichzeitigen Übertragung von Pflicht und Recht an einen Dritten. Die Veräußerung des Pachtrechtes wurde in den Pachtkontrakten ausdrücklich von der Zustimmung des Grundherrn abhängig gemacht. Hatte der Pächter auch im allgemeinen ein Interesse an seinem Besitzrechte und dessen Dauer, so konnte doch der Fall eintreten, daß ihm der Verkauf seines Rechtes verwehrt wurde im Widerspruche mit dem Gebote des vernünftigen ökonomischen Willens. Er selbst blieb unter wechselnden persönlichen und ökonomischen Verhältnissen gebunden, während die zeitliche oder willkürliche Befristung der Besitzübertragung doch keine volle Festigkeit der rechtlichen Unterlagen seines Betriebes aufkommen ließ [1].

[1] Eine Geschichte des englischen Pachtrechtes nach seiner juristischen, politischen und ökonomischen Seite wäre die Voraussetzung einer englischen Agrar- und Rechtsgeschichte. Zu der Skizze des Textes vgl. Blackstone II, 20, 4 (p. 317). A lease is properly a conveyance of lands or tenements (usually in consideration of rent). Äußerliche Verbindung beider Vorgänge ib. p. 326; Form der Übertragung II, 9, 1; Schutz gegen Besitzstörung III, 11, II (p. 199).

Die Schwierigkeit war juristischer Art und wurde mit den Fortschritten der Landwirtschaft ökonomischer Art. Die reinliche Zerlegung des Wertes des landwirtschaftlichen Produktionsertrages in Grundrente, Zinsen des Betriebskapitals, Arbeitsergebnis ist unmöglich, weil der Produktionsprozeß wie der Fruchtpreis eine Einheit ist und weil das dauernde Resultat einer rationellen Wirtschaft, die Befruchtung des Bodens durch Kapital, Arbeit, zweckmäßige Betriebsvorrichtungen, mit dem Boden verwächst. Die Eigentumsmacht vollzieht die Zerlegung des Ertrages. Die dauernde Wertsteigerung des Bodens wird von dem Herrn der Substanz, dem Grundherrn ebenso okkupiert, wie das positive Resultat der negativen Wertsteigerung, der wachsenden Spannung von Bedürfnis und Bodenertrag. Durch sein wirtschaftliches Interesse an dem dauernden Ergebnis seiner eigenen Tüchtigkeit sah sich der Pächter an die Scholle gefesselt und mußte sich das Recht der Nutzung entweder durch einen höheren Pachtschilling erkaufen oder auf den dauernden Mehrertrag seiner Arbeit verzichten.

In der Rechtsfrage der emblements tauchte das rechtlich-soziale Problem zunächst in einfacher, juristischer Gestalt auf: Wem gehört die Ernte, wenn die Pacht zwischen Saat und Ernte vor dem Ablauf des Pachtvertrages ohne Schuld des Pächters endet? Das formelle Recht versagte. Der Staat griff ein und ließ sich durch die Rücksicht auf die Sicherheit der landwirtschaftlichen Produktion und durch Billigkeitsgründe leiten. Von den beiden möglichen Lösungen: dem Pächter oder seinen Erben eine Entschädigung für die Kosten der Aussaat zu gewähren oder ihnen die ganze Ernte zu überlassen, wählte er die letztere, dem Pächter günstigere [1], um ihm den Unternehmergewinn, der ihn zu der Arbeit der Saat bestimmte, zu sichern. Die Entscheidung berief sich auf den Rechtssatz actus dei nemini facit injuriam; sie war eine folgerichtige Anwendung des Individualprinzips des englischen Rechtes: der Inhalt des Vertrages muß in einem zweifelhaften Falle nach den Motiven ergänzt werden, die den Kontrahenten zum Abschluß des Vertrages bewegen. Eine Entschädigung für Anlagen, die erst nach längerer Zeit Ertrag abwerfen, wie für das Anpflanzen von Obstbäumen, wurde ausdrücklich ausgeschlossen. Unter veränderten ökonomischen Verhältnissen wurde später gerade diese Frage der Kern des Problems. Zugleich drängten soziale Rücksichten die juristische Kontroverse zurück. Die Landeskultur, das allgemeine gesellschaftliche Produktionsinteresse forderte Meliorationen, die das Zusammenwirken von Grundherrn und Pächtern notwendig machten, und das Privatinteresse an ihrer Ausführung mußte

---

[1] Zum Recht der emblements vgl. ib. II, 8, 1.

sichergestellt werden. In manchen Gegenden bildete sich ein Gewohnheitsrecht, das tenantright, das ein Rechtsverhältnis zwischen dem abziehenden und anziehenden Pächter, der die Entschädigung für dauernde Anlagen nach billigen Grundsätzen übernahm, herstellte. Aber es reichte nicht aus wegen seiner lokalen Beschränkung und weil die Frage verwickelter geworden war. Es handelt sich einerseits um die Entschädigung des Pächters für das im Boden zurückbleibende Kapital und die im Boden zurückbleibende Arbeit; anderseits um die Sicherstellung der Meliorationsausgaben des Grundherrn. Die spontane Rechtsentwicklung versagte abermals, und der Staat mußte einen billigen Ausgleich im Interesse der Landeskultur schaffen.

Die persönliche Unfreiheit der agrarischen Produzenten war längst verschwunden. An die Stelle der villenage war ein freies, auf dem persönlichen Willen, dem Individualvertrag ruhendes Verhältnis getreten, die Pacht, ähnlich wie im Arbeiterrechte das Verhältnis von Meister und Gesellen einen rein privatrechtlichen Charakter erhielt. An die Stelle der villeins traten Pächter, nicht, wie die rechtsgeschichtliche Theorie der englischen Juristen annahm, copyholders. In der Form eines freien Vertrages wurden die Ansprüche von Bodeneigentum und stabilem Betriebskapital einerseits, von produktiver Arbeit und beweglichem Betriebskapital anderseits an den Ertrag der Landwirtschaft abgegrenzt. Auch im Agrarrechte schienen die Prinzipien eines freien Verkehrsrechtes, persönliche Freiheit, Vertragsfreiheit, Eigentumsfreiheit verwirklicht. Mit der gleichen Unbefangenheit, mit der der Rechtsformalismus die Freiheit des Arbeitsvertrages behauptete, behandelte Rechtswissenschaft und Nationalökonomie im Agrarrechte den Schein als Wahrheit. Die Nationalökonomie vergaß dabei ihre eigenen Lehren: denn für sie war die Grundrente ebensowenig wie der Arbeitslohn das Resultat einer innerlich freien Vereinbarung, sondern ein notwendiges durch objektive Faktoren bestimmtes Ergebnis ökonomischer Gesetze, dessen Höhe auf die Dauer keine menschliche Willkür zu beeinflussen vermag. In Wirklichkeit verwandelte allerdings die klassische Nationalökonomie vielmehr das Resultat eines Machtkampfes in ein notwendiges ökonomisches Verhältnis und drückte so der jeweiligen Grundrente das Gepräge ökonomischer Notwendigkeit und sachlicher Berechtigung auf.

Die Ungleichheit der sozialen Machtverhältnisse schloß eine wirkliche Vertragsfreiheit aus, im Arbeiterrechte und im Pachtrechte. Nicht zwischen Pächtern und Grundherrn, Arbeitern und Kapitalisten, sondern zwischen Pächtern und Pächtern, Arbeitern und Arbeitern wurde der wirtschaftliche Kampf ausgefochten zugunsten der Grundherrn und des Kapitals. Sein Resultat kam den Grundherrn zugute in der

Gestalt einer Steigerung der Grundrente oder des Pachtschillings. Die Pächter suchten nach einer Möglichkeit ihre Arbeitskraft und ihr bewegliches Betriebskapital zu verwerten. Ihre Konkurrenz senkte den Pachtertrag, wie die Konkurrenz der Arbeiter den Lohn senkte. Die Grundrente war also keineswegs der reine Ausdruck des Anteils des Bodens am landwirtschaftlichen Produktionsertrage. Die klassische Nationalökonomie setzte selbst voraus, daß die Nachfrage nach Land und Arbeitsgelegenheit stets das Angebot übersteige. Im 18. Jahrhundert verdrängten Großpachtbetriebe vielfach die Klein- und Mittelpacht, weil sie bei dem Überwiegen des Getreidebaues einen höheren Reinertrag verhießen, also einen höheren Pachtschilling und eine höhere Grundrente möglich machten. Der Vorgang kam in seinen sozialen Wirkungen an Bedeutung der Konzentration des Grundeigentums gleich. Zahlreiche Pächter wurden freigesetzt und vermehrten die Nachfrage nach Land, bis sie zu besitzlosen Arbeitern herabsanken, sich in gewerbliche Unternehmer verwandelten oder auswanderten. Das größere Betriebskapital, die größere geschäftliche und technische Leistungsfähigkeit des Großpächters erklären die relative Höhe des Pachtertrages und den Wohlstand der ländlichen Unternehmer Englands im 18. Jahrhundert. Die gleichzeitigen Beobachter sind aber so sehr in der individualistischen Betrachtungsweise ihrer Zeit befangen, daß sie sich stets durch das Bild des ökonomischen Einzelobjektes, der individuellen Unternehmung blenden lassen und darüber die Verschiebungen in der Lage der Gesamtheit der Pächter übersahen.

Formelle privatrechtliche Gleichheit, Beseitigung aller feudalistischen Vorrechte ist das rechtliche Fundament der bürgerlichen kapitalistischen Gesellschaft. Der Grundsatz war in England nur in einseitiger Weise durchgeführt. Mit der Verwandlung der villeins in Pächter fielen alle die gewohnheitsrechtlichen und gesetzlichen Bestimmungen fort, die das englische Agrarrecht im Mittelalter zugunsten der Festigkeit beschränkter bäuerlicher Besitzrechte ausgebildet hatte und durch die copyhold in ein sicheres Eigentumsrecht verwandelt worden war. Der Feudalismus dauerte indes auch in England in Bruchstücken fort, nicht nur in seinen allgemeinen ökonomischen Nachwirkungen, die die Verteilung des Grundeigentums bestimmten, sondern in grundherrlichen Vorrechten, die ein Seitenstück bildeten zu der politischen Machtstellung der Aristokratie. Bei der Verwandlung der politischen Abhängigkeitsverhältnisse in ökonomische dienten sie dazu, die Stellung des Grundeigentums den Pächtern gegenüber zu stärken. Die Grundaristokratie benutzte ihren politischen Einfluß, um das Pachtrecht zu ihren Gunsten zu entwickeln. Arbeiter und Pächter blieben von den Wohltaten der Bankrottgesetzgebung ausgeschlossen, die nur den kaufmännischen Kapitalisten schützte. Den Pächter traf also die ganze Härte des englischen Schuldrechtes, wenn er mit dem Pachtschilling im Rückstande blieb. Ihm drohte die Schuldhaft, deren Grausamkeit durch die Zustände der englischen Schuldgefängnisse beleuchtet wurde. Er blieb einer unbeschränkten, persönlichen und vermögensrechtlichen Haftbarkeit unterworfen [1]. Mit großer Naivität spricht die Jurisprudenz die Beweggründe einer Gesetzgebung aus, die unter Georg II. ihre letzte Blüte trieb: „Auf den Pächter die Bankrottgesetzgebung ausdehnen, hieße die Grundherrn der Sicherheit berauben, die das Gesetz ihnen vor allen anderen für die Bezahlung ihrer Renten gegeben hat." Aus dem gleichen Grunde erhielt die Pachtschuld eine bevorzugte Stellung zu Ungunsten anderer Gläubiger bei Zahlungsunfähigkeit des Pächters.

Das mittelalterliche Recht überließ dem Grundherrn gegenüber dem Pächter Machtmittel, die ein Ausfluß seiner grundherrlichen Stellung waren, vor allem die distress, das Recht der eigenmächtigen Pfändung, ein Exekutionsmittel, das dem Grundherrn eine unmittelbare Gewalt über das Vermögen des Pächters gab. Aber die Tendenz der mittelalterlichen Gesetzgebung war, die Befugnis des Grundherrn durch zahlreiche Schutzbestimmungen im Interesse der Pächter einzuschränken, den Pächter vor jedem Mißbrauch zu schützen und ihm eine Gegen- und Schadenersatzklage zu erleichtern. Die außergerichtlichen Machtmittel des Grundherrn wurden nicht beseitigt, auch als das Verhältnis ein rein privatrechtliches wurde. Seit der Revolution von 1688, seit der Begründung des parlamentarischen Regimentes wurde das Recht zugunsten des Grundeigentums ausgebaut und umgebildet, so daß an die Stelle der angeblichen Rechtsgleichheit die gesetzliche Unterdrückung der Pächter trat. Ihren Abschluß fand diese Gesetzgebung gegen Ende der Verwaltung des parlamentarischen Musterministers Walpole. Das Recht der distress wurde ergänzt durch das Recht der außergerichtlichen Exmission, die erst nachträglich einer gerichtlichen Prüfung unterworfen wurde. Die Kautelen des alten distress-Rechtes wurden beseitigt, ja sein Wesen wurde verändert. Es war ein Mittel gewesen einen Druck auf den Willen eines widerspenstigen Pächters auszuüben, bei dessen Anwendung sein Eigentum sorgfältig geschützt werden mußte und die Gefahr, die mit dem Mißbrauch verbunden war, den Grundherrn traf. Jetzt wurde daraus das Recht des Bodeneigentümers zu einer außergerichtlichen Zwangsvollstreckung. Die Gefahrlast wurde dem wirtschaftlich schwächeren Pächter zu-

[1] Bankrottgesetzgebung 13 Eliz. c. 7, 21. Privilegium odiosum der Pächter 5 Geo. II, c. 30.

geschoben. Sein Betriebskapital war durch die Möglichkeit eines Geldschadenersatzes für den unrechtmäßiger Weise angerichteten Schaden nicht hinlänglich gedeckt, weil sich die mittelbaren Wirkungen der durch die Beschlagnahme verursachten Betriebsstörung nicht abschätzen ließen[1].

In dem englischen Rechte hat man die freie Entfaltung germanischer Rechtsgedanken sehen wollen. Die Trennung von Bodeneigentum und Produktion, Eigentum und tatsächlichem Besitz widerspricht aber den im deutschen Rechte wirksamen Tendenzen, die vielmehr dahin strebten, dem Produktionsbesitz die Stätigkeit und Sicherheit des Eigentums zu geben, wie dies der Natur der landwirtschaftlichen Produktion angemessen ist. Sie führten in Preußen zu der Ausbildung eines staatlichen Bauernschutzes, der sich zu einer umfassenden staatlichen Konservationspflicht erweiterte zugunsten aller wirtschaftlich-selbständigen Betriebe in Landwirtschaft und Gewerbe. Denn in Preußen überwachte eine starke unabhängige Staatsgewalt die Rechtsentwicklung, hielt sie in Einklang mit den allgemeinen Interessen und den staatlichen Bedürfnissen und sah sich durch die wirtschaftlichen Verhältnisse gezwungen aktiv auf die Gestaltung des ökonomischen Lebens einzuwirken. Hier ist das 18. Jahrhundert die Zeit der energischen Versuche durch den staatlichen Bauernschutz die schwächeren Inhaberrechte in ihren ökonomischen und sozialen Wirkungen den stärkeren Eigentumsrechten anzugliedern und den wirtschaftlichen Inhalt beider zu fixieren. Die sozialen Rechtsideen, die durch das System des individuellen Eigentumsrechtes zersetzt wurden, lebten hier als politisches Verantwortlichkeitsgefühl fort. Tatsächlich gestaltete sich auch in England das Verhältnis der Pächter zu ihren Grundherrn vielfach so, daß es sich unter billigen Bedingungen von Generation zu Generation fortpflanzte und die Grundherrn sich ihrer Pächter unter persönlichen Opfern annahmen. Aber das war individuelle Willkür, keine Rechtsordnung. Aus dem Rechte verschwanden die Schutzbestimmungen, die das Besitzrecht der landwirtschaftlichen mittleren Produzenten schützten, weil sich ein neues copyhold seiner gewohnheitsrechtlichen Natur wegen nicht bilden konnte und die alten Gutsbezirke, die manors, deren Recht den Willen des Grundherrn an eine feste, stabile

[1] Den Unterschied zwischen altem und neuem Recht macht ein Vergleich klar zwischen dem Statut von Marlbridge 52 Hen III, c. 21 (Ausbildung der replevin, der Widerklage des Pächters) und den Gesetzen, die 2 W. u. M. c. 5, also mit der glorreichen Revolution beginnen und mit 11 Geo. II ihren Abschluß finden. Die Einzelheiten sind sehr bemerkenswert, ein vollständiges System zu Ungunsten der Pächter, der den Härten eines doppelten Rechtszwanges unterworfen wurde.

Rechts- und Produktionsordnung banden, ihre soziale Bedeutung verloren[1]. Die Besitzordnung wurde der privaten Eigentumsmacht und ihren Zwecken überlassen. Wie in dem Gewerbe- und Arbeiterrechte, so verblaßten auch im Agrarrechte die alten Schutzbestimmungen zu humanen, sittlichen Grundsätzen, während sich in Preußen die sozialen Schutzgedanken, Remission des Pachtschillings bei unverschuldetem Unglück und Konservationspflicht des Grundherrn, zu staatlich überwachten Rechtssätzen verdichteten und vom Agrarrechte aus in die allgemeine Rechtsordnung eindrangen.

Trotzdem war die Passivität und soziale Indifferenz des Staates in England nur Schein, nur muß man den englischen Staat da suchen, wo sich die reale Staatsgewalt befand, in der Organisation der aristokratischen Regierung und Verwaltung, die durch die formelle und inhaltliche Stagnation der Rechtsordnung und die staatliche Garantie der Grundrente erhalten wurde.

Die Eigentumsordnung des feudalen Staates ragte mit voller Wucht in die Gegenwart hinein und störte die freie Bewegung der Produktion, der Eigentumsrechte und Werte. Sie wurde aufrechterhalten durch den Individualwillen der Grundherren, der mit dem Inhalte der überlieferten Eigentums- und Machtordnung verschmolz. Erleichtert wurde die Erhaltung der grundherrlichen Machtstellung durch wirksame Sonderrechte und durch den politischen Einfluß der Aristokratie. Die Verdinglichung, die ökonomische Umbildung der Rechtsordnung war in England vollständiger, ungehemmter als anderswo. Deshalb fehlten hier die Milderungen, die sonst in der politisch-ökonomischen Doppelnatur des Feudalismus lagen. Die politisch-ökonomische Herrenstellung der Aristokratie bestand fort, das staatliche Verantwortlichkeitsgefühl verlor dagegen den unmittelbaren Zusammenhang mit dem Eigentumsrechte und seiner Ausübung; es erlosch an seiner Basis, da wo die grundherrliche Gewalt das soziale Leben unmittelbar berührte. Von hier aus drang die Herrschaft individueller Zwecke in die Gesetzgebung und Regierung ein und zwar der individuellen Zwecke, die durch eine erstarrte, dingliche Eigentumsordnung bestimmt wurden und deshalb weder der Autonomie der Persönlichkeit noch dem wahren Leben der Gesellschaft entsprangen. Der Sinn der preußischen Agrargesetzgebung des 18. Jahrhunders war dagegen, der herrschenden Grundaristokratie die politisch-ökonomische Verantwortung

[1] Romantische Schilderungen fortdauernder Gutsherrschaften und selbst ausgezeichnete rechtsgeschichtliche Untersuchungen ändern an der Tatsache nichts: man gebe sich nur die Mühe das Recht eines fortbestehenden manor bei Seebohm „Die englische Dorfgemeinde" nachzuprüfen, und man wird seine ökonomische soziale Bedeutungslosigkeit erkennen.

und das politisch-ökonomische Verantwortlichkeitsgefühl aufzuzwingen.

Soweit der englische Staat eine fühlbare Wirksamkeit entfaltete, verschmolz er mit der Organisation der herrschenden Klassen. Von ihr absorbiert, zog er seine schützende Hand von den ländlichen Produzenten und unterwarf sie einem doppelten Zwangsrechte, dem modernen kapitalistischen Schuldrechte und den Resten des Feudalrechtes, die die Härte erstarrender Gewaltmittel annahmen. Die Unklarheit der agrarischen Eigentumsverhältnisse war nur erträglich, weil sich die Eigentumsordnung von der Produktion löste und diese zwar nicht einer wahren rechtlichen Freiheit aber doch dem Walten der Interessen überlassen wurde, die auf eine rationelle Gestaltung des Betriebes hinwirkten. Gerade in England sonderte sich die herrschende Volksschicht von der produzierenden Gesellschaft, indem sie zugleich durch ihre Eigentumsrechte den Überschuß der Produktion an sich riß und auf ihm ihre Herrenstellung ökonomisch aufbaute. Wenn sich dabei das Grundeigentum der sozialen Verantwortlichkeit entzog, so ist das kein Beweis innerer Macht, sondern ein Symptom beginnender Schwäche. Denn Verantwortlichkeit ist die notwendige Kehrseite des Rechtes. Eine starke lebenfähige Gewalt, wie das preußische Königtum, konstruierte sich deswegen selbst eine sittlich-religiöse Verantwortlichkeit, die die Persönlichkeit viel stärker erfaßte als äußere negative Schranken.

Recht und Staat können ihre universale Natur nicht völlig ablegen. Geschichtlich ist der Staat der Erbe der universalen kirchlichen Organisation. Er absorbierte oder zerstörte alle anderen Organisationen, in denen das Individuum Schutz fand. Das Bewußtsein identifizierte nie Staat und Recht völlig mit dem Klassenstaate und dem Klassenrecht. In dem Kampfe zwischen Idee und Wirklichkeit entzog sich der englische Staat dem Einflusse der Idee nicht. Deshalb wahrte er in den Formen den Schein der Universalität, deshalb erkannte er seine allgemeinen sozialen Aufgaben an in den unsicheren tastenden Versuchen das Agrarrecht inhaltlich zu beeinflussen, um den ungestörten Fortgang der Produktion zu sichern. Es lag in dem individualistischen Charakter des Rechtes, daß es nur ein Mittel dazu kannte: Erhaltung der persönlichen Motive zur Produktion. Deshalb bildete das Recht diesem Zwecke dienende formale Rechtsprinzipien aus in dem Rechte der emblements und der Sicherung des Pachtrechtes über den Tod des Eigentümers hinaus. Indes einzelne Institutionen vermochten die Schäden nicht zu beseitigen, die den inneren Widersprüchen des gesamten Systems entsprangen: sie vermochten die Freiheit, Klarheit und Sicherheit der Besitzrechte, die Einheitlichkeit der vermögensrechtlichen

Verfügungsgewalt, die Unabhängigkeit und Einheitlichkeit der Betriebsleitung nicht herzustellen, die dem Geiste der Rechts- und Wirtschaftsordnung entsprochen hätten und als berechtigt und zweckmäßig empfunden wurden.

Bei dem festen Zusammenhange von staatlicher Ordnung und Eigentumsrechten griff der Gegensatz von Form und Inhalt des Rechtes die politische Organisation an; sie wurde zu enge für ihre Aufgaben. Das Wesen der staatlichen Gesellschaft entsprach den Voraussetzungen der politischen Organisation nicht mehr. Durch die Konzentration des Grundeigentums schmolz die gentry, der Stand der wohlhabenden, unabhängigen Grundbesitzer so zusammen, daß die englische Selbstverwaltung die unentbehrlichen, persönlichen Organe für ihren Bestand verlor. Das parlamentarische Wahlrecht baute die Volksvertretung auf dem Grundbesitze auf und setzte also das Dasein einer breiten Schicht unabhängiger ländlicher Besitzer voraus, die den Kern des im Parlamente vertretenen Volkes bildete. Die Idee verlor jede Realität, wenn die eigentlichen Produzenten, die Pächter, vom Wahlrechte ausgeschlossen waren, das mittlere Grundeigentum bedeutungslos wurde, das Grundeigentum sich in Großgrundbesitz und abhängiges Zwergeigentum auflöste und an die Stelle der relativen Sicherheit und persönlichen Unabhängigkeit, die eine Pacht auf Lebenszeit gewährte, 21 jährige Pachten oder prekäre Pachtverhältnisse traten, deren Inhaber deshalb folgerichtig vom Wahlrecht ausgeschlossen wurden.

Zu den politischen und juristischen Bedenken traten im 19. Jahrhundert volkswirtschaftliche Rücksichten. Der technisch-ökonomische Fortschritt der Landwirtschaft war gehemmt durch die Unterbindung des Real- und Betriebskredits, die eine Folge der Unklarheit der Eigentumsverhältnisse, der Unsicherheit der Rechtslage der Pächter, der Trennung von Betrieb und Bodeneigentum war. Das Interesse von Staat und Gesellschaft verlangte die volle Entfaltung der Bodenkraft, um die Grundlagen der Volksernährung und die Autarkie der nationalen Volkswirtschaft, soweit sie in England überhaupt noch möglich war, zu sichern. Der Niedergang des landwirtschaftlichen Gewerbes, das Schwinden der landwirtschaftlichen Bevölkerung erschütterten das Vertrauen in die Zweckmäßigkeit des überlieferten Agrarrechtes.

Verwaltungsreform und Parlamentsreform suchten den Einklang zwischen der Organisation des Staates und ihren gesellschaftlichen Bedingungen und Aufgaben herzustellen. Man betrachtet häufig die politische Entwicklung Englands einseitig unter dem Gesichtspunkte der Arbeiterbewegung. Zunächst bedeutete jedoch die Reform des Wahlrechtes und die Vermehrung der Grafschaftsvertreter eine Ausdehnung des Wahlrechtes auf die Pächter und eine Verstärkung des

Einflusses der mittleren ländlichen Produzenten. Politische Formen sind ohne entsprechenden Inhalt sinn- und zwecklos. Der Zusammenhang von Verfassung und Besitzverteilung war durch die Tatsachen gegeben. Der ältere Liberalismus verkannte ihn nicht. Hume sieht in hohem Lohne und der Vorherrschaft und Einträglichkeit des ländlichen Mittelbesitzes und Mittelbetriebes eine Voraussetzung einer demokratischen oder freien Verfassung. Die Schöpfung eines Standes kleiner und mittlerer Eigentümer oder unabhängiger Landwirte entspricht also den Ideen, die bei der Parlamentsreform ihren ersten großen politischen Erfolg errangen. Aber die formelle wirtschaftliche Freiheit vermochte die Herrschaft der überlieferten Grundeigentumsordnung nicht zu brechen, ebensowenig wie die Selbsthilfe, auf die die agrarischen Produzenten verwiesen wurden [1], allein die Produktionsbedingungen günstiger zu gestalten vermochte.

Der englische Agrarradikalismus trägt einen sozialistischen Charakter, nicht nur weil sein letztes Ziel die Nationalisierung des Bodens und die Aufhebung des Grundeigentums ist. Er hat die Gesetzgebung zu Eingriffen in das Eigentumsrecht und die Verfügungsfreiheit der Grundeigentümer gedrängt, die über die Rechte, die der Staat in anderen Ländern ausübt, weit hinausgehen. Trotzdem haben die Versuche einer zwangsweisen Schöpfung kleiner Grundeigentumsgrößen und einer Bildung kleiner Eigentümer durch Organe des Staates oder durch mit öffentlichen Befugnissen ausgestattete Gesellschaften nur geringen Erfolg gehabt. Denn die freie Eigentumsbildung und die Schöpfung kleiner und mittlerer Grundeigentümer ist in England gehemmt, weil der Verkaufswert des Bodens den kapitalisierten Ertragswert, der für den Produzenten allein in Betracht kommt, übersteigt und auch bei Zwangsenteignung ein Ersatz des vollen Wertes ein absolutes Recht der Grundeigentümer bleibt. Das wirtschaftliche Prinzip bleibt so eine Schranke sozialer Versuche. Die Eigentumsordnung ist durch ihren eigenen ökonomischen oder Wertinhalt, der noch durch andere Momente als durch den Ertragswert bestimmt wird, ohne Rechtsbruch unangreifbar. Auf diesem Wege läßt sich demnach die Einheit zwischen den staatsrechtlichen, demokratischen Formen und dem ökonomischen Aufbau der Gesellschaft in England nicht herstellen.

Die Pächter selbst verlangen free sale, d. h. die Verwandlung des Pachtrechtes in ein bewegliches Vermögensrecht, Verkäuflichkeit der Pacht unter billigen Bedingungen, volle vermögensrechtliche Freiheit, Fixierung des Pachtschillings durch den Staat, nicht durch die Eigentumsmacht, damit

[1] Vgl. den Brief Handleys bei der Gründung der Royal Agricultural Society an Earl Spencer (1839).

die durch den rationellen Produktionsprozeß geschaffene Wertvergrößerung des Bodens nicht mehr ausschließlich dem Eigentümer zugute komme. Werden die Forderungen erfüllt, so erhalten die Prinzipien des freien Produktions- und Verkehrsrechtes, die Freiheit und Unabhängigkeit der ländlichen Produzenten fordern, einen Inhalt, der den formellen Grundsätzen des Rechtes angemessen ist. Die neueste Agrargesetzgebung Englands schafft die Möglichkeit einer zwangsweisen Bildung kleinerer Pachtbetriebe und einer Regulierung der Pachtbedingungen durch Organe des Staates. Das bedeutet einen Eingriff in das absolute vermögensrechtliche Verfügungsrecht und in die Vertragsfreiheit, durch die die Wirkungsweise des englischen Staates verändert und das Recht auf einen neuen Boden gestellt wird auf dem Gebiete, auf dem die Starrheit der alten Rechtsordnung am schärfsten hervortrat. Wie der alte englische Staat in seiner aristokratischen Eigentumsordnung lebte, so vollzieht sich heute in einer Regulierung privatrechtlicher Beziehungen, bei der Staat und Privattätigkeit zusammenwirken, die Bildung eines neuen Staatswesens, das die Formalprinzipien und Ideen seines öffentlichen und privaten Rechtes mit einem realen Inhalte erfüllt.

VII.

Das englische Arbeitsrecht und der Grundsatz wirtschaftlicher und privatrechtlicher Freiheit.

Das Arbeiterrecht schien sich organisch in das englische Gesamtrecht einzugliedern; denn es baute sich auf seinen konstitutiven Grundsätzen, Eigentumsrecht und Vertragsfreiheit, auf. Durch einen freien Vertrag übertrug der Arbeitnehmer dem Arbeitgeber einen zeitlich begrenzten Eigentumsanspruch auf seine Arbeitskraft. Arbeit und Arbeitskraft wurden dem Begriffe und der Kategorie des Eigentums untergeordnet[1], der Vorstellung eines substantiellen, inhaltlich begrenzten, staatlich garantierten, an die Person geknüpften und von der Person lösbaren, ihrem Rechtswillen unterworfenen Rechtes, der Rechtsidee des wohlerworbenen Eigentumsrechtes, die ihre zentrale Bedeutung behauptete. Als wohlerworbenes Eigentumsrecht faßten die Arbeiter selbst den Anspruch auf Arbeit auf und seine Verkürzung als Eigentumsentziehung[2].

Der Scheincharakter dieser Rechtskonstruktion braucht heute kaum mehr bewiesen zu werden. Der Arbeiter erkaufte mit seiner Arbeitskraft und ihrem Gesamtertrag die Arbeitsmöglichkeit und mit ihr die Daseinsmöglichkeit unter Bedingungen, die unabhängig von seinem persönlichen Willen und das Ergebnis wirtschaftlicher Notwendigkeiten und sozialer Machtverhältnisse waren. Dem Vertrage fehlte die inhaltliche Klarheit. Sonst setzte das Recht die genaue und bestimmte Abgrenzung der Rechtsobjekte nach ihrer Substanz oder Wertgröße voraus. Im Arbeitstauschvertrage stand der klar umgrenzten Leistung des Arbeitgebers, dem Lohne, der den notwendigen Lebensunterhalt des Arbeiters, die Produktionskosten der Arbeit, darstellte, als Gegenleistung kein bestimmtes Arbeitsquantum, sondern die gesamte Arbeitskraft gegenüber. Der Gegensatz von bestimmter Leistung, unbestimmter Gegenleistung wurde durch die Stagnation der juristischen Begriffsbildung verstärkt. Das ganze vielgestaltige Arbeitsverhältnis

---

[1] Blackstone I, 14. III (p. 429). The reason and foundation upon which all this doctrine is built seems to be the property that every man has in the service of his domestics acquired by the contract of hiring and purchased by giving them wages.

[2] Brentano, Die Arbeitergilden der Gegenwart.

wurde unter den Begriff master und servant gezwängt, unter die Begriffe einer zünftigen Gewerbeordnung, die längst von der wahren Schichtung der Gesellschaft und von ihrer Produktionsordnung überholt war und eine Art von Lebensgemeinschaft, jedenfalls eine Arbeitsgemeinschaft voraussetzte, bei der die gesamte Persönlichkeit eingesetzt und geschützt wurde. Die Verpflichtung blieb, der Schutz verfiel.

Durch den Schein der Vertragsfreiheit wurde kein wahres Recht geschaffen. Das Wesen des Rechtes ist die Beendigung des sozialen Machtkampfes, das Wesen des freien Vertragsrechtes die Normierung von Anspruch und Pflicht durch den Willen der Kontrahenten, die das Recht schaffen. Das Resultat steht unter dem Schutze des Staates und wird bei einem Streite seiner Auslegung unterworfen; er deutet den ursprünglichen Willen der Kontrahenten. Das Wesen des Arbeitsverhältnisses dagegen blieb der latente Streit. So faßte die klassische Nationalökonomie, zunächst A. Smith, es auf; während der Arbeitgeber die Ausnutzung des ihm übertragenen unbestimmten Rechtes möglichst steigerte, wirkte der Wille des Arbeitnehmers, der die Intensität seiner Tätigkeit bestimmte, auf eine inhaltliche Verkürzung des Rechtes hin trotz der äußeren Unterordnung unter die Arbeitsbedingungen. Nicht durch fiktive Konstruktionen, die dem Rechte höchstens den Schein innerer Einheit geben, sondern durch die Wirklichkeit wird der Wille geleitet. Im Arbeitsverhältnis war sich der Wille seiner Unfreiheit bewußt und paßte sich deshalb einem Rechtsverhältnis innerlich nicht an, das er in Wahrheit nicht schuf, während er in ganz anderer Weise als bei dem Verzichte auf dingliche Rechte an der Erfüllung der Rechtspflicht dauernd beteiligt blieb. Das freie Vertragsrecht versagte: es erkannte die konstitutive Macht des Willens an, besaß aber kein Mittel, den scheinbaren Willen zu einem wirklichen zu machen und dem Rechtsverhältnis die Seele zu geben, deren es als dauerndes Rechtsverhältnis zwischen handelnden Persönlichkeiten bedurfte. Der höchste Rechtszweck der englischen Rechtstheorie wurde zerstört: die Freiheit der Persönlichkeit. Sie blieb in der sozialen Lebensäußerung, durch die sie absorbiert wurde, einem fremden Herrscherwillen unterworfen, der, mochte er wollen oder nicht, ökonomischen dinglichen Machtrechten als Organ dienen mußte und durch das wirtschaftliche Prinzip der sittlichen Verantwortlichkeit, die eine Herrscherstellung auferlegt, entkleidet wurde. Durch die Unklarheit und innere Unvollständigkeit des Rechtes wurde der Staat in Mitleidenschaft gezogen. Wie die gesellschaftliche Notwendigkeit und das öffentliche Interesse höchste Intensität der Bodenbearbeitung verlangten, so forderten sie höchste Anspannung der Arbeitskraft. Aber die Arbeiter wußten sich trotz aller Ausdehnung der Arbeitszeit einem Gebote zu entziehen, das sie nicht als soziale, ihr eigenes individuelles Dasein gestaltende, ihrem eigenen Willen, den Motiven, die das englische Recht allein anerkannte, entspringende Pflicht empfinden konnten. Auf der gesellschaftlichen Natur, der sozialen und staatlichen Notwendigkeit der Arbeit und der Untrennbarkeit von Arbeit und Persönlichkeit beruht das eigenartige Wesen von Arbeit und Arbeitsrecht. Die Veräußerung der Persönlichkeit, ihre Verwandlung in ein Rechtsobjekt widersprach einer Staatsidee, für die der Staat der Verband freier Individuen war, und die in dem persönlichen Willen den Schöpfer der Rechtsordnung, nicht ein Rechtsobjekt sah.

Das war ein Gedanke, dem sich das englische Recht nicht entzogen hatte. Die Armen- und Arbeitergesetzgebung schuf einen Arbeitsschutz und Arbeitszwang. Sie organisierte eine amtliche Regulierung des Lohnes und der Arbeitsbedingungen; sie sicherte dem Arbeiter ein Existenzminimum und dem Arbeitsfähigen Arbeitsgelegenheit. Die Arbeiterfürsorge war den öffentlichen Institutionen angegliedert, ein Bestandteil des Rechtes, verwoben mit der Organisation des englischen Staates, ein Teil der allgemeinen Landesverwaltung und doch dezentralisiert, eine staatliche Obliegenheit der Ortsgemeinde. Es entsprach dem individualistischen Geiste des englischen Rechtes, wenn sich das soziale Arbeiterrecht in ein Individualrecht verwandelte in der Form eines Unterstützungswohnsitzes, eines persönlichen Unterstützungsanspruches des einzelnen Bedürftigen gegenüber der Gemeinde. So bestand das Armenrecht noch zu Blackstones Zeit, ein Kennzeichen einer Übergangszeit, in der eine dreifache Staats- und Rechtsbildung zusammentraf, absterbende Reste der alten Rechtsordnung mit kapitalistischen Tendenzen und mit dem Geiste eines neuen Staatswesens, in dem sich die Rechtsideen veränderten ökonomischen Bedingungen anpaßten.

Das System des Arbeiterrechtes beschränkte die Vertragsfreiheit der Arbeiter, namentlich der Landarbeiter, die die Wirtschaftsgeschichte zu vergessen pflegt. Diesen gegenüber fiel das Klasseninteresse der Träger der örtlichen Verwaltung, der Friedensrichter, bei der Lohnregulierung ins Gewicht. Die Industriearbeiter empfanden die elisabetheische Gewerbeordnung noch als Schutz, wie die Zähigkeit beweist, mit der sie an ihren Bestimmungen festhielten.

Trotz der formellen Fortdauer des alten Arbeiterrechtes war es bereits erschüttert und gelockert. Statuten und Gerichtspraxis schufen zahlreiche Ausnahmen für die gewerblichen Arbeiter. Die stagnierende Gesetzgebung und Rechtsbildung, die seit der Restauration nur noch den Interessen der herrschenden Klassen diente, vermochte das Arbeiterrecht nicht mehr im Einklang mit der wirtschaftlichen Entwicklung zu halten. Der feste innere Zusammenhang von Verwaltung und Arbeiterfürsorge lockerte sich. Die administrative Arbeiterfürsorge war in den Kirchspielen lokalisiert; die Industrie, die die natürliche Aufnahmestätte für unbeschäftigte Arbeitskräfte bildete, siedelte sich in bestimmten Gegenden an und schuf eine fluktuierende Arbeiterbevölkerung, die wegen der Schwierigkeit einen neuen Unterstützungswohnsitz zu gewinnen bei Hilfsbedürftigkeit der Heimatgemeinde zur Last fiel, während die ländlichen Gemeinden nicht imstande waren die Arbeiter mit zweckmäßiger Arbeit zu versorgen und deshalb zahlreiche Arbeitskräfte bei beschränkter Arbeitsfähigkeit brach liegen blieben. Die administrative und die ökonomische Einteilung des Volkes deckten sich nicht mehr. Im Interesse der Gemeinden wurde mit der Fürsorgepflicht eine diskretionäre, durch gesetzliche Schranken wenig gehemmte Ausweisungsbefugnis der Ortsgemeinde verbunden[1]. Dadurch wurde die Rechtsstellung der fluktuierenden Arbeiterbevölkerung prekär: Freizügigkeit und Niederlassungsrecht war eingeschränkt, während der gesetzliche Arbeitszwang und das Verbot von Koalitionen bestehen blieb. Das ganze System erreichte seinen sozialen Zweck nur unvollkommen und wurde trotzdem zu einer Last, die die Gemeinde- und Staatsfinanzen zerrüttete.

Die Juristen erkannten die singuläre Natur der Armen- und Arbeitergesetzgebung, den Widerspruch zwischen ihren sozialistischen Grundgedanken und der Herrschaft der dinglichen, individualisierten Eigentumsrechte, die jeden Rechtsanspruch als Ausfluß eines positiven Individualrechtes erscheinen ließ, während die Basis des Unterstützungsanspruchs die soziale Natur der Arbeit bildete. Gelegentlich versuchten sie, um die Rechtsnatur des gesetzlichen Rechtes zu retten, die staatliche Fürsorgepflicht auf das Individualrecht der Lebenserhaltung zurückzuführen. In Wirklichkeit aber betrachtete die Rechtswissenschaft, in deren Hand die Fortbildung des Rechtes lag, den Mangel an juristischer Entwicklungsfähigkeit als notwendigen Mangel eines Rechtes, das nicht aus dem Geiste des common law stammte[2], sondern künstlich geschaffen war, und ließ deshalb das Arbeiterrecht verkümmern. Die juristische Theorie, die vermögensrechtliche Ansprüche nur als Ausfluß individueller, privatrechtlicher Beziehungen kannte, schuf ein brauchbares Verkehrsrecht, und in ihm brachte sie den Lohnvertrag unter, der zum Kern des Arbeiterrechtes geworden war, ohne Rücksicht auf seine besondere Natur. Das elisabetheische Arbeiterrecht bestand daneben fort. Aber die Zwecke, die es geschaffen hatten, wurden nicht mehr als Rechtsgedanken

[1] stat. 13 u. 14 Car. II, c. 12, 1 Jac. II, c. 17.

[2] Blackstone 1, 9, Schluß (p. 365), sonst kreuzen sich bei ihm verschiedene Theorien.

empfunden, sondern schwächten sich zu humanitären Empfindungen ab. Das ökonomische Denken ging den gleichen Weg. Was der Rechtswissenschaft als rechtliche Abnormität oder jus singulare vorkam, erschien der Nationalökonomik als Widerstand gegen die ökonomische Notwendigkeit: das Armenrecht harmonierte nicht mit dem Bevölkerungsgesetze der kapitalistischen Gesellschaftsordnung, das in der kapitalistischen Welt mit der Sicherheit eines Naturgesetzes zu wirken schien und sich dem von der gegenwärtigen, sozialen Außenwelt beherrschten Denken als Naturnotwendigkeit aufdrängte. In der kapitalistischen Welt wird der Bevölkerungsstand durch den Preis der Arbeit, also durch den Reallohn, reguliert, der das Resultat objektiver, gegebener Produktionstatsachen, des Verhältnisses von Vorräten und Bedürfnissen, ist. Das ist der Boden, auf dem Malthus' Kritik des englischen Armenrechtes steht; der Gedanke an eine Bedingtheit der sozialen Welt, in der er lebte, konnte ihm nicht kommen.

Im 19. Jahrhundert wurde die alte längst durchlöcherte Gewerbeordnung und das verwilderte Arbeiterrecht, der Arbeitszwang, die gesetzliche und amtliche Lohnregulierung, die Beschränkungen der Freizügigkeit beseitigt. Das humane Armenrecht, das bestehen blieb, war der Ausfluß der menschlichen Empfindungen der besitzenden Klassen und tat ihnen Genüge. Die Einheit des Rechtes war hergestellt. Keine Schranke hemmte die Wirksamkeit der kapitalistischen Eigentumsrechte und ihrer ökonomischen Macht. Die wirtschaftliche Notwendigkeit übte den Arbeitszwang, schuf die Arbeitsgelegenheit, regelte die Arbeitsbedingungen. Die kapitalistische Wirtschaftsordnung übernahm die gesellschaftlichen Aufgaben des Staates: in ihr lebte die kapitalistische Rechtsordnung und der kapitalistische Staat. Er fuhr fort den abhängigen, eigentumslosen, machtlosen Willen von der Gesetzgebung und Rechtsbildung auszuschließen und machte die Reste des aristokratischen Staates zu seinem politischen Organ, indem er dem erstarrten Eigentum, dem Grundeigentumsrechte, das sich von der Produktion losgelöst hatte, seine formellen sozialen und politischen Herrscherrechte und ihre Grundlage, den ungestörten Genuß der Grundrente, ließ.

In der Epoche, in der der kapitalistische Staat alle Fesseln abwarf, setzte die Reaktion im Innern des Rechtes ein, und mit ihr begann eine neue Staatsbildung. Noch im Augenblicke seines tiefsten Falles bewies das persönliche Prinzip des englischen Rechtes, die Idee, die das Rechtsbewußtsein beherrschte, die geistige Kraft, die es zu einem Werkzeug der persönlichen ökonomischen und geistigen Bedürfnisse werden ließ. Die klassische Nationalökonomie mußte ihm unbewußt dienen. In ihrer Arbeitswerttheorie gab sie dem unterliegenden, persönlichen Prinzip des englischen Rechtes eine neues Basis, indem sie den Wert, der den wirtschaftlichen Inhalt des Eigentums ausmacht, aus der Arbeit, der aktiven individuellen Teilnahme an der Produktion ableitete. Der Wert verdrängte die Substanz des Eigentums, an die die traditionelle Eigentumsordnung das Eigentumsrecht knüpfte. Er ist unabhängig von der Substanz, das Resultat des gesellschaftlichen Gesamtlebens, das durch den gemeinsamen Wertcharakter aller Erzeugnisse der Produktion zu einer Einheit, verknüpft wird. Damit war eine neue Grundlage subjektiver Rechtsansprüche gegeben, die individuell und doch Bestandteile einer einheitlichen Wirtschaftsordnung sind.

In dem Augenblicke, in dem die Schutzmaßregeln des alten Arbeiterrechtes abstarben, wurde ihre Unentbehrlichkeit am stärksten empfunden, weil die Kraft, die sie zerstörte, auch die Individuen mit der rücksichtslosen Gewalt einer siegreichen Macht ergriff. In dem Momente des Sieges sah sie sich selbst mit ideellen Waffen angegriffen. Die Reformvorschläge, deren Widerlegung der nächste Zweck von Malthus' Werk war, sind ein Symptom und Erzeugnis von Unterströmungen des ökonomischen, juristischen und politischen Denkens und latenter sozialer Kräfte. Sie gipfeln in dem Vorschlage eines Neubaues des Arbeiterrechtes und des Armenschutzes auf genossenschaftlicher Grundlage und suchen so den sozialen Zweck der verfallenden Arbeitergesetze mit dem Grundsatze des individuellen Selbstbestimmungsrechtes und der wirtschaftlichen Selbstverantwortung zu versöhnen.

Die offizielle Wissenschaft der bürgerlichen Klassen versagte ihnen die Aufnahme in den Tempel und in den Ahnensaal der Wissenschaft. In der Tat waren ihre praktischen Folgen zunächst gering. Sie haben Bedeutung als Symptom. Die organisatorische Kraft des Staates versagte, weil dieser das Organ der sichtbaren, siegreichen Rechtsordnung war. Aber die Formalprinzipien des englischen Rechtes behaupteten sich. Ihrer bedienten sich die sozialen Ideen, die das elisabetheische Arbeiterrecht gestaltet hatten und die fortlebten, als der Staat sie verleugnete. Sie machten sich den Grundsatz der Privatinitiative, der zu einer freien Assoziation individueller Kräfte führte, und die demokratischen Fiktionen des Staatsrechtes dienstbar. Als die alte Gewerbeordnung verfiel, entstanden die Gewerkvereine, ursprünglich keineswegs Kampfesorganisationen, sondern Schutzvereine, die an die Stelle des staatlichen Schutzes traten und das alte Arbeiterrecht inhaltlich zunächst erhalten, dann dem Wandel der ökonomischen Verhältnisse gemäß umbildend erweitern wollten.

Die Zwecke der Gewerkvereine liegen im Geiste des englischen Rechtes; sie realisieren Ideen, die die Rechtswissenschaft längst ausgesprochen, deren Erfüllung sie fingiert hatte: die Freiheit des vertragschließenden Willens, die Grundlage eines freien Vertragsrechtes, und die inhaltliche Klarheit des Arbeitsvertrages, die Bestimmtheit von Leistung und Gegenleistung, durch die der Arbeitsvertrag erst die Natur der übrigen Tauschverträge erhält. Jene sollte innerhalb der Grenzen der ökonomischen Möglichkeit gesichert werden, indem an die Stelle des ohnmächtigen Einzelwillens ein Kollektivwille oder konzentrierter Gesamtwille der Arbeiter eines Gewerbes trat, der durch das gemeinsame, wirtschaftliche Interesse zusammengeschweißt, aber auf dem Wege der freien Beschlußfassung durch die Individuen gebildet wurde; diese sollte erreicht werden durch genaue vertragsmäßige Fixierung der Arbeitsbedingungen.

Erst dann hörte das höchste Prinzip des ideellen englischen Rechtes, die Unabhängigkeit der Rechtspersönlichkeit, auf eine Fiktion zu sein, wenn sie geschützt war durch eine Erhöhung des Arbeitspreises über das durch das Produktionskostengesetz diktierte Existenzminimum und durch eine Verkürzung der Arbeitszeit unter das mögliche Maximum. Erst dann gewann die Persönlichkeit einen Spielraum, auf dem sie ihrer Freiheit inne werden konnte. Erst wenn das Rechtsverhältnis, die Arbeitsordnung, unter der aktiven, wirksamen Teilnahme des Arbeiterwillens, wie sie durch die Assoziation ermöglicht wurde, geschaffen war, konnte es ohne Zerstörung des Individualprinzips des englischen Rechtes den Willen innerlich binden und wurde aus einem äußerlichen Macht- zu einem Rechtsverhältnis, das von dem Rechtsbewußtsein als gewolltes, mit den Zwecken und Interessen der Rechtspersönlichkeit verwobenes Recht und als wahre Rechtspflicht empfunden wurde.

Eine qualitative Veränderung des Einzelwillens war die notwendige Folge: als Bestandteil eines durch gemeinsame Interessen bestimmten Kollektivwillens verlor er seinen rein individualistischen Charakter. Mit seinen eigenen Interessen wollte er die Interessen einer Gesamtheit vertreten, die sich über den einzelnen Gewerkverein hinaus erweiterte und sich als wichtigsten, bevorzugten Bestandteil des Gesamtlebens der Gesellschaft, ja des in ihr lebenden Staates fühlte. Wegen dieses ihres bevorzugten sozialen Charakters begannen die Gewerkvereine Vorrechte, eine Art von Unverantwortlichkeit zu beanspruchen, gegen die sich bei der Erörterung des neuesten Streikgesetzes, der Trade Disputes Act 1906 (6 Edw. 7 Ch. 47 Sect. IV.), im Oberhause die Kritik der Juristen, der berufenen Hüter der englischen Rechtstradition, wandte. Beanspruchen die Gewerkvereine eine bevorzugte, quasistaatliche Stellung, dann müßte sich allerdings Wille und Bewußtsein ihrer Mitglieder dem Gefühl der Verantwortlichkeit und Verpflichtung gegenüber der Gesellschaft und den Notwendigkeiten der

Produktion öffnen, sonst gehen sie die Wege eines entarteten Königtums und einer entarteten Aristokratie: Vorrechte zu beanspruchen, ohne Verantwortlichkeit zu übernehmen.

Die Umbildung des Rechtes, die die Gegner des kapitalistischen Individualismus ursprünglich vom Staate erwarteten, wurde durch die Privatiniative angebahnt. Die Träger der Rechtsentwicklung waren nicht die Organe des sichtbaren Staates, der nicht stark genug war mächtige gesellschaftliche Strömungen zu leiten und zu schwach war sie zu unterdrücken, sondern die Individuen, deren Aktivität das Lebenselement der englischen Rechts- und Wirtschaftsordnung war. In ihnen lebte der wahre Staat. In ihr Leben, ihre Macht, ihren Willen lösten sich Leben, Macht und Willen des Staates, der sozialen Gemeinschaft, auf. Aus ihnen und ihren Bedürfnissen heraus wurde ein neues Recht und ein neuer Staat geboren, die sich an die ideellen, fiktiven Prinzipien des alten Rechtes anlehnten. Die Umbildung des sichtbaren Staatsorganismus ergänzte die freie Tätigkeit der Individuen und er fuhr fort auf ihre Mitwirkung, ihre persönliche Initiative zu rechnen. Die Reform der inneren Verwaltung, die durch die Schöpfung zentraler Verwaltungsbehörden und die Reform der Stadtverwaltung der ökonomischen Gesellschaft eine angemessene administrative Organisation gab, die Fabrik- und Gewerbegesetzgebung, die ein weites Gebiet der Arbeiterfürsorge nach sachlichen und öffentlich-rechtlichen Gesichtspunkten regelte, die Ausbildung eines Enteignungsrechtes zu sozialen Zwecken sind die wichtigsten Zweige dieser ergänzenden staatlichen Tätigkeit.

Die gewerkvereinliche Bewegung war eine der Formen, in der sich eine Rechts- und Staatsbildung vollzog, die den Zusammenhang mit den Grundsätzen des historischen englischen Rechtes nicht verlor. Sie läßt sich von der großen politischen Reform, der demokratischen Umänderung des parlamentarischen Wahlrechtes, nicht sondern. Denn erst sie gab dieser einen realen Boden, weil sie der persönlichen Unabhängigkeit den Schutz gewährte, ohne den alle demokratischen Wahlrechtsreformen leere Worte bleiben. Die demokratische Eigentumsbildung, durch die die Wortführer des älteren Liberalismus die Demokratie zur Wahrheit zu machen suchten und auf deren staatliche Durchführung manche der Gegner, die Malthus bekämpfte, ihre Hoffnung setzten, gelang nicht. Was im englischen Agrarrechte wie im englischen Arbeiterrechte vor sich geht, ist eine Umbildung der Macht- und Rechtsordnung, die die Verteilung des Produktionsertrages und die Herrschaft über die Produktion regelt, nicht eine formelle Umgestaltung der Eigentumsordnung. Dieser Bewegung den sozialistischen Charakter abzustreiten, weil sie an der Individualinitiative und dem Individualrechte festhält, ist ein Spiel mit

Worten. Denn der Sozialismus wirkt in besonderer Weise in einer staatlosen Gesellschaft, in anderer da, wo ein kraftvoller selbständiger Staatsorganismus durch ein festes Gefüge von politischen Pflichten die Individuen in äußerlich fühlbarer und geistig empfundener Abhängigkeit hält, in anderer da, wo sich das Staatsleben selbst in Individualrechte aufgelöst hat.

VIII.

Das englische Korporations- und Staatsrecht und seine demokratische Umgestaltung.

Die Verdinglichung der politischen Rechte, die Überwältigung der Staatsidee durch privatrechtliche Eigentumsvorstellungen charakterisiert das englische Staatsrecht in der Blütezeit des Parlamentarismus. Die privatrechtlich-juristische Konstruktion, durch die Blackstone das Staatsrecht und alle politischen Rechte und Pflichten in das System subjektiver Eigentumsrechte einordnete und eine innere Einheit des gesamten Rechtes zu gewinnen suchte, ist nicht eine methodische Verirrung, sondern selbst eine geschichtliche Tatsache, eine Frucht desselben Geistes, der die naturrechtliche Staatsphilosophie schuf, das Symptom einer Betrachtungsweise, die sich juristisch fixierte in dem Augenblicke, in dem die Grundlagen ihrer Herrschaft zu wanken begannen.

Auf privatrechtlichen Grundsätzen wurde das System der öffentlichen Pflichten aufgebaut: wie das Steuerbewilligungsrecht ein Ausfluß des Eigentumsrechtes war, so erschien die Steuer als Preis für den Schutz des Eigentums. Das Milizsystem, in dem die persönliche, staatliche Wehrpflicht fortbestand, war völlig verfallen. Die ernsthafte Wehrpflicht, die das stehende Heer schuf und dem Staate Sicherheit und politische Leistungsfähigkeit verschaffte, beruhte auf Privatverträgen zwischen dem Staate und den einzelnen Söldnern. Nur für die Bildung und Ergänzung der Flottenmannschaft erzwang die politische Notwendigkeit ein staatliches, nicht durch einen individuellen privaten Willensakt vermitteltes Aushebungsrecht, the power of impressing seafaring men for the sea service by the kings commission. Aber gerade auf diesem Gebiete zeigte sich die Unfähigkeit des öffentlichen Rechtes staatliche Pflichten zu organisieren. Die Versuche an die Stelle einer Willkür, die die persönliche Rechtssicherheit, das Fundament des englischen Rechtes, zerstörte, ein klares Ergänzungssystem zu setzen und Stammrollen von Dienstpflichtigen herzustellen (7 u. 8 W. III, c. 31) scheiterten. Bei der Ergänzung der Flottenmannschaft dauerte in England der Zustand der Rechtlosigkeit fort, der in Preußen bei der sogenannten inneren Werbung vor den Reformen Friedrich

Wilhelm I. bestand. Er wurde schließlich nur dadurch überwunden, daß auch auf die Flotte der privatrechtliche Grundsatz der Anwerbung und Freiwilligkeit ausgedehnt wurde. Da der Bestand des Landheeres und der militärischen Disziplin auf einem mit den Prinzipien des englischen Rechtes schwer vereinbaren Ausnahmegesetz beruhte, gelang es nicht, wie in Preußen, eines der wichtigsten Elemente des Staatslebens, die Wehrverfassung, in das staatliche und individuelle Rechtssystem organisch einzuordnen.

Verdinglichung, Individualisierung und Erstarrung waren das Kennzeichen der staatsrechtlichen wie der privatrechtlichen Institutionen. Die Folge war hier wie dort die Notwendigkeit durch Fiktionen die Kluft zwischen ihnen, den lebendigen Kräften des Rechtsbewußtseins und den empfundenen Notwendigkeiten des staatlichen Lebens auszufüllen. Die Wirksamkeit und die Bildung der Organe des Staates war mit subjektiven Eigentumsrechten verschmolzen. Das Patronatsrecht unterwarf das kirchliche Amt dem dinglichen Eigentumsbegriffe, der gleiche Begriff gestaltete die Auffassung des staatlichen Beamtentums, da man den Kern des Amtes in den mit ihm verbundenen Einkünften und der sozialen Stellung fand, die es verlieh. Auf geistliche und weltliche Ämter dehnten die Juristen den Begriff wohlerworbener Eigentumsrechte aus. Als dieser nicht ausreichte, um die Amtspflicht und Amtsverantwortlichkeit zu begründen, nahm eine privatrechtlich orientierte Betrachtungsweise den privatrechtlichen Trustbegriff, die wirksamste Idee des modernen englischen Verkehrsrechtes, zu Hilfe. Auf ihn führte Burke, der es verstand, die Gedanken des traditionellen Staatsrechtes mit modernen Vorstellungen auszugleichen, wie die Aufgabe der Parlamentsmitglieder so auch das Wesen des Amtes zurück.

Gelegentlich wurde der trust, der eine Rechtsvollmacht und eine Rechtsverpflichtung schaffende Vertrauensauftrag, auf das Kronrecht ausgedehnt. Aber das Königtum war so erstarrt, daß es sich dem lebendigen Prinzipe des englischen Verkehrsrechtes nicht anpassen konnte. Auch die Vertragstheorie, die in den Verfassungskämpfen den parlamentarischen Machtansprüchen gedient hatte, verlor ihren Einfluß auf die Rechtsauffassung. Bei der theoretischen Konstruktion der Untertanenpflicht spielt die allegiance, das persönliche Treuverhältnis zu dem Könige, zusammen mit anderen feudalistischen Begriffen eine gewisse Rolle. Aber die Vorstellung war zu einer leeren Fiktion geworden. Das Kronrecht wurde begründet auf ein Eigentums- und Erbrecht, das nach der Analogie des Immobilienrechtes gemodelt wurde. Die Macht des Königs bestand in einem Eigentumsrechte auf eine bevorzugte persönliche Rechtsstellung. Das war der Boden, auf den sich die Stuarts drängen ließen, als sie den Kampf um die Macht des Königtums als Kampf um die königliche Prärogative führten und so das Königtum aus dem organischen, normalen, staatlichen Rechtsleben aussonderten. Sie verteidigten den Absolutismus einer persönlichen Ausnahmestellung, der alle anderen Individualrechte bei einem Zusammenstoße unterdrückte oder sich dienstbar machte. Nur Karl I. verriet im Augenblicke seines letzten verzweifelten Kampfes eine Auffassung, die der politischen Natur des Königtums gerecht wurde; sonst unterlagen seine Träger der Versuchung ihre Prärogative an der Sicherheit wohlerworbener Privatrechte teilnehmen zu lassen.

Deshalb konnten die Juristen die Kontinuität des englischen Rechtes trotz der Revolution von 1688 konstruieren. Gewiß merkt man ihrer apologetischen Theorie die innere Schwäche eines Versuches an, die rechtliche Quadratur des Zirkels zu lösen und da einen staatlichen Rechtsakt zu entdecken, wo das einzige Organ politischer Rechtsbildung, das aus König, Oberhaus und Unterhaus gebildete Parlament, durch die Entrechtung des Königs zerstört war. Aber dem damaligen Geiste englischer Rechtsentwicklung entsprach ihre Lehre, daß die Revolution das Königtum innerlich überhaupt nicht affiziert habe, und daß es in der gleichen Rechtsqualität bedingter Erblichkeit 1689 auferstanden sei. Das Königtum wurde zu einer Art von Rechtssubstanz, die in das System objektiver Rechte, das den sachlichen, unveränderlichen Inhalt des common law bildete, eintrat. Es war ein erstarrter, an einen individuellen Träger gebundener Rechtskörper: die staatsrechtliche Aktivität trat es an das Ministerium ab, an ein Organ, das dem formellen Staatsrechte eigentlich fremd war. Die Unverantwortlichkeit des Königs, der Grundsatz: der König kann kein Unrecht tun, der Schwindel der persönlichen Vollkommenheit des Königs war der Ausdruck der Paralysis des Königtums. Der König war unverantwortlich, weil er nicht mehr verantwortlich handeln konnte. Die Unverantwortlichkeit gab ihm keine Macht. Denn sie deckte die nicht, die die königlichen Befehle ausführten; die Beamten blieben für ihre Handlungen der vollen persönlichen straf- und privatrechtlichen Haftbarkeit unterworfen. Im entgegengesetzten Sinne wirkte der Grundsatz der Unverantwortlichkeit des Königtums, wenn er mit den übrigen konstitutionellen Begriffen auf ein starkes, aktives Königtum übertragen wurde: da erhielt er unter dem konstitutionellen Scheine den Absolutismus des wahren Trägers des politischen Handelns.

Auf dem Boden einer individualistischen Rechtsordnung ist die Assoziation das wichtigste Mittel die Schranken des Individualismus zu durchbrechen und die einzelne Persönlichkeit über sich zu erweitern oder zu erheben. Deshalb eroberte sich das Korporationsrecht im englischen Rechte ein weites Gebiet trotz der dürftigen Rolle, die es in Blackstones System spielt. Weil die Befreiung der Persönlichkeit das ideale Ziel der neueren englischen Rechtsbildung ist, offenbart sich ihr Wesen am deutlichsten in der Entwicklung des Korporations- und Vereinsrechtes. Eine Darstellung, die bei dem englischen Korporationsrechte den Zusammenhang der allgemeinen rechtsgeschichtlichen Entwicklung zergliederte, müßte von einer juristisch-historischen Analyse des Rechtszustandes und der Rechtsauffassung ausgehen, deren theoretischer Ausdruck die Korporationslehre der klassischen englischen Jurisprudenz ist; von hier aus wäre die Umbildung der Rechtsprinzipien zu verfolgen in ihren kausalen Beziehungen zu der ökonomischen, politischen und geistigen Entwicklung des gesamten Volkslebens. Erst in dieser Gestalt würde die Geschichte des englischen Korporationsrechtes ein Bestandteil der Volksgeschichte als eines zusammenhängenden, organischen Prozesses. Die englischen Darstellungen begnügen sich mit einer Zusammenfassung der einzelnen historischen Tatsachen und ihrer besonderen politischen oder ökonomischen Ursachen und Folgen.

Man hat in dem englischen Korporationsrechte ein Mittel gesehen, durch welches die Individuen öffentlich-rechtlichen oder allgemeinen sozialen Zwecken dienstbar gemacht und zu einer idealen politischen oder gesellschaftlichen Einheit zusammengefaßt würden. Man beruft sich dabei auf den Rechtssatz, daß der Zweck jeder Korporationsbildung das öffentliche Wohl sei, und auf das Rechtsprinzip, daß der Wille des Königs die Korporation errichtet. Ursprünglich traf das zu; aber auch das Korporationsrecht erlag der privatrechtlichen Verbildung; es wurde zu einem Mittel Verhältnisse dem dinglichen Eigentumsrechte und seiner Starrheit zu unterwerfen, deren Wesen und sozialer Zweck sich gegen eine solche Unterordnung sträubte. Denn nicht der juristische Titel und der äußere Rechtsakt, durch den eine Institution formale Sicherheit gewinnt, ist maßgebend für ihre Natur, sondern die Art ihres Wirkens, das Gesetz ihres Lebens und die Zwecke und Vorstellungen, die sie auslöst.

Der Grundsatz, daß alle Korporationen Staatsanstalten seien und ihren Rechtscharakter nur durch königliche Verleihung erhielten, war ein Schein, zunächst weil seine Kraft bereits durch die Fiktion gebrochen war, daß im common law der königliche Wille virtuell enthalten sei und daß also Korporationen, die sich auf Grund des common law bildeten, die gesetzliche Bestimmung erfüllten, wodurch an Stelle der königlichen Stiftung gesetzliche Normativbestimmungen traten. Das Erfordernis der königlichen Konzession hatte nur noch negative Bedeutung; aus einem Mittel für die organisatorische Kraft des Staates wurde es zu einem Mittel die korporative Vereinsbildung zu hemmen, namentlich da der Grundsatz durch Strafgesetze gegen die Arbeiterkoalitionen ergänzt wurde. Die bestehenden Korporationen dagegen traten in das System der wohlerworbenen, erstarrten, unangreifbaren Individualrechte und Eigentumsrechte ein. Nicht der tote oder verbrauchte Wille, der die Korporation in Wirklichkeit oder scheinbar ins Leben gerufen hatte, sondern der lebendige Wille, der sie leitet und beaufsichtigt, verleiht Macht und Wirkungsfähigkeit. Ein wirksames Aufsichts-, Auflösungs- und Umbildungsrecht aber wurde dem Könige nicht mehr zugestanden, und weil er es formell behielt, so war es absorbiert und dem Staate entzogen.

Der letzte Versuch es geltend zu machen, war der Eingriff der Könige der Restauration, namentlich Jakobs II. in die Rechte der städtischen Korporationen, der der Regierung gefügige Wahlkörperschaften verschaffen sollte. Er scheiterte. Seine Gesetzlichkeit konnte die juristische Korporationslehre nicht bestreiten. Aber die Rechtswissenschaft nahm das Verdikt der Geschichte an: das Auflösungsrecht des Königs war ein totes Recht geworden; bei politisch wichtigen Korporationen wurden überdies die Korporationsrechte für unverwirkbar erklärt (2 W. u. M. c. 8). Der Schein eines öffentlich-rechtlichen Charakters der Korporationen diente nur dazu die Festigkeit ihrer Eigentumsrechte zu verstärken. Die Theorie reiht sich so der Legalitätslehre an, die die private Eigentumsordnung für das Werk des Staates erklärte, und der Fiktion, daß alles Grundeigentum auf königlicher Verleihung beruhe. Sie gaben dem System der erworbenen Rechte einen politischen Charakter und waren der theoretische Ausdruck der Tatsache, daß es den Staat absorbiert hatte. Als der Staat im 19. Jahrhundert die Möglichkeit einer freien Betätigung zurückzugewinnen suchte, zeigte sich erst, wie sehr er durch die staatlich und privatrechtlich garantierte Festigkeit der Korporationen gebunden war. Er mußte allerlei Umwege einschlagen und die Waffe der Fiktion, die ihm die alte Rechtswissenschaft selbt geschmiedet hatte, schwingen, um das korporative Wahlrecht aus einem dinglichen Eigentumsrechte wieder in eine öffentliche Funktion umzubilden.

Ein wahres Leben pulsierte in den erstarrten korporativen Verbänden, die die freie Vereinsbildung verdrängten, nicht mehr. Die Zerstörung eines kraftvollen genossenschaftlichen Gemeinlebens war die Grundlage des englischen Rechtssystems und der englischen Wirtschaftsordnung geworden. Aus bestehenden Rechten, nicht aus dem Willen und aus den Zwecken der Individuen gingen die Korporationen hervor. Das Staatswesen der normannischen Eroberer war die Organisation eines harten, absolutistischen Mechanismus, der, losgelöst von den Rechtsempfindungen des Volkes, die Individuen und die naturwüchsigen Verbände, die zugleich ökonomische, rechtliche und politische Schutzgenossenschaften waren und die soziale Persönlichkeit in ihrem gesellschaftlichen Leben, ihren Interessen, ihrem Rechtswillen erfaßten, seiner mißtrauischen Aufsicht unterwarf und seinen polizeilichen und fiskalischen Zwecken dienstbar machte oder sie zerrieb und verfallen ließ. Die englische Landgemeinde verkam: sie wurde zu einem Verbande von Produktionsmitteln, „von Ochsen und Pflügen". An ihnen hafteten die Gemeinderechte mehr als an den Menschen oder den bäuerlichen Wirtschaften. Die Freizügigkeit und die Auflösung der genossenschaftlichen Gebundenheit des Besitzes und der Betriebsweise lockerten die ökonomische Basis der Dorfgemeinde. Nur äußerlich zeigten die städtischen Gemeinden eine größere Festigkeit, weil sich ihr Besitz von den Einzelwirtschaften leichter sondern und sich deshalb ihre vermögensrechtliche Basis erhalten ließ, während die commons der Landgemeinden wegen ihres engen Zusammenhangs mit dem Einzelbetrieb aufgeteilt wurden oder dem grundherrlichen Eigentumsrechte erlagen, und weil die Städte als Wahlkörperschaften für das Parlament ihre staatliche Bedeutung retteten. Aber der völlige Verfall der städtischen korporativen Verwaltung steht ebenso fest, wie die Verkümmerung der Landgemeinden. Ihre Rechte lösten sich auf in Rechte ihrer Mitglieder, denen keine ernsthafte politische Pflicht mehr anhaftete. Die Polarität von Staat und Individuum, die die klassische englische Jurisprudenz und Nationalökonomie voraussetzen, wurde durch die Zerstörung der naturwüchsigen, politisch-ökonomischen Verbände vorbereitet. An die Stelle der Agrargemeinde schob sich der universale kirchliche Verband, das Kirchspiel, das die gesamte Bevölkerung organisierte und unter seinen Schutz nahm. Es übernahm die Aufgaben, die die veränderte soziale Struktur des Volkes schuf. Daß der Staat die kirchliche Verwaltungseinheit okkupierte, säkularisierte und sie zur Grundlage der allgemeinen Staatsverwaltung machte, ist die wichtigste Tatsache der englischen Verwaltungsgeschichte, der erste Versuch des Staates die Universalität der Kirche in seine eigenen Institutionen aufzunehmen in der Gestalt einer Verwaltungseinheit, die ihrer Natur nach persönlicher Art war.

Das Recht betrachtete jeden Verein als eine Art von juristischer Abnormität, eine franchise, als ein Vorrecht, das einer besonderen Verleihung entspringt. Dies Mißtrauen gegen eine freie, gesetzlich erlaubte Vereinsbildung entsprach dem Geiste eines individualistischen Eigentums- und Verkehrsrechtes. Denn jede korporative Verbandsbildung entzog Eigentumsrechte oder Willensakte der subjektiven Verfügungsgewalt und der subjektiven Verantwortlichkeit, namentlich da im englischen Rechte Stiftungsrecht und Korporationsrecht zusammenfiel und demnach eine Ausdehnung korporativer Bildungen die Bewegungsfreiheit individualisierter Eigentumsrechte unterband. Da nach der herrschenden Vertragstheorie der Staat selbst als ein Verband der Individuen erschien, so war jede Vereinsbildung ein Analogon zu der Staatsbildung, das gefährlich wurde, sobald der Verein den Willen, das Bewußtsein oder die ökonomischen Interessen der Individuen stärker ergriff als der universale Staatsverband. Daraus erklärt sich die Schärfe, mit der sich das englische Recht trotz aller Anerkennung persönlicher Freiheitsrechte gegen die Freiheit der Korporationsbildung wandte: die Gesetze gegen die tote Hand wurden verschärft und auf alle Stiftungen ausgedehnt; die Doktrin ultra vires und das Visitationsrecht des Königs, das auf die ordentlichen Gerichtshöfe und die Bischöfe delegiert wurde, beschränkte die Korporationen auf ihren stiftungsmäßigen Zweck und hemmte also jedes Leben, jede neue veränderten sozialen Verhältnissen entsprechende Zwecksetzung. Indes ihren Zweck, die Einheit des individualistischen Verkehrsrechtes zu erhalten, erreichte die Rechtsbildung trotzdem nicht: denn das wichtigste Rechtsobjekt, Grund und Boden, wurde trotz der Gesetze gegen die tote Hand entmobilisiert, und die Freiheit der individuellen Rechtspersönlichkeit durch die Gesetze der dinglichen Eigentumsordnung entleert.

Je mehr ein Organ des englischen Staates seinen politischen, öffentlich-rechtlichen Charakter bewahrte, um so freier hielt es sich von dem Korporationsbegriffe, je mehr es seiner universalen staatlichen Natur entfremdet wurde, desto mehr wurde es von ihm ergriffen. Die Stadtverwaltungen und die Institute der herrschenden Staatskirche erlagen ihm ganz. Der König wurde zu einer corporation sole, weil das Königtum aus dem organischen Leben der normalen Staatsverwaltung ausschied und zum Repräsentanten einer Summe von Einzelrechten wurde. Dagegen wurde der Korporationsbegriff nicht angewendet auf das Ministerium, die wahre Regierung, auf die Gerichte und auf die wichtigsten Organe der Selbstverwaltung. Das Recht konnte sich ihnen gegenüber nicht anders verhalten, so lange es die Korporationen als franchises, als unorganische Bestandteile der Rechtsordnung behandelte.

Die Verdinglichung der staatlichen und kirchlichen Institutionen fällt völlig mit der Ausdehnung der Herrschaft eines Korporationsbegriffes zusammen, der selbst verdinglicht war. Er diente nicht nur seinem natürlichen Zwecke: Eigentumsrechte und Rechtspersönlichkeiten zu einem zusammengesetzten Eigentumsrechte und einem zusammengesetzten Rechtswillen zu vereinigen, sondern er wurde auf Stiftung und Amt angewandt. Er diente also dazu Eigentumsrechten persönliche Träger zu verschaffen, deren Wille für alle Ewigkeit an den von dem Stifter gesetzten sozialen Zweck gebunden war, und schied deshalb aus der natürlichen Persönlichkeit ein ideelles, soziales oder politisches Wesen aus. Deshalb wurde der widerspruchsvolle Begriff einer corporation sole konstruiert, und er gewann die Bedeutung eines unentbehrlichen Hilfsmittels des englischen Staatsrechtes, das auch als Korporationsrecht von den maßgebenden individual- und privatrechtlichen Anschauungen abhängig blieb.

Die Amtsidee, die auf dem Korporationsbegriff aufgebaut wurde, verkümmerte im englischen Rechte. In Preußen, wo sie in der lutherischen Berufsidee wurzelte, entfaltete sie ihre ganze innere Stärke. In England wurde der Inhaber eines Amtes als corporation sole, als Glied eines fiktiven Verbandes gedacht, der seine eigene Persönlichkeit in ihrer individuellen Unabhängigkeit bestehen ließ und seinen Willen nur in den von ihm verwalteten Korporations- oder Amtsrechten, die mit der dinglichen, vermögensrechtlichen Grundlage des Amtes verschmolzen, an bestimmte Zwecke band. Der Gedanke an die unzerstörbare Einheit und innere Unteilbarkeit der natürlichen Rechtspersönlichkeit fuhr trotzdem fort, die Rechtsanschauung zu leiten. Sie blieb das stärkere Rechtssubjekt, und so wurden das Amt, die Amtsbefugnisse und die Amtseinkünfte zu einem Rechte der Person. Die Berufsidee ordnet dagegen die Persönlichkeit, ihren Willen, ihre geistige und sittliche Kraft dem Amte, seinen sozialen und politischen Zwecken, unter und läßt der natürlichen Persönlichkeit nur einen unentbehrlichen Restbestand individuellen Rechtslebens: so fühlten die preußischen Könige in sich die Idee ihres königlichen Amtes verkörpert, und wie sie in dem königlichen Eigentume Staatsgut sahen, banden sie ihren Willen trotz seiner formellen Unbeschränktheit durch den ideellen Amtswillen. Der englische Amtsbegriff löste den festen Zusammenhang von Amtsrecht und Amtspflicht. Wie die eigentliche Grundlage der Korporation ein Komplex von Vermögensrechten wurde, so löste sich das Recht der Korporation in subjektive Rechte ihrer Mitglieder auf: das Vermögen der Stadtkorporation wurde als Vermögen der einzelnen Bürger, das Wahlrecht als eine Art von Eigentumsrecht betrachtet. Das geistliche Amt wurde ein Annex seiner eigenen materiellen Grundlage und der soziale oder politische Zweck belastete höchstens den Willen seines Inhabers gewissermaßen mit einer Servitut: der Pfarrer erwarb das Recht auf die Einkünfte der Pfarrei; die Amtspflichten wurden auf einen Vikar abgewälzt, den der Pfründeninhaber besoldete; die Rechte der Gemeinden wurden weit weniger berücksichtigt als in dem preußischen Landrechte. Die gleiche Auffassung ergriff auch das weltliche Amt: die Krone wurde als corporation sole gedacht, weil der König neben seinem persönlichen Eigentum ein Amtsvermögen und Amtsrecht hatte.

Wegen ihres dinglichen Charakters konnte die Korporation mit der Stiftung verschmelzen. Diese blieb beeinflußt durch das zweite der konstitutiven Prinzipien des englischen Rechtes, die Rechtskraft des persönlichen Willens. In der Stiftung lebte nicht der verewigte, jeder Willkür entzogene soziale Zweck, sondern das Individualrecht und der Individualwille, der über sein Eigentum dauernd verfügt hatte und seinen Repräsentanten oder Erben an einen bestimmten Zweck band. Die Rechte des Stifters erloschen nicht. Das Verhältnis war gedacht als Überweisung mit Rückfallsmöglichkeit. Dadurch trennte sich das englische Recht von der kanonistischen Lehre, die den Verzicht auf das Eigenrecht und auf die individuelle Ausnutzung des Eigentums zu einem absoluten machte und den Rechtswillen des Stifters durch den kirchlichen oder sozialen Zweck absorbieren ließ. Die Konfiskation des Kirchengutes durch Heinrich VIII. und den englischen Adel zugunsten des Fiskus und der Aristokratie wurde von Juristen mit der Theorie gerechtfertigt, daß das seinen Zwecken entfremdete Stiftungsgut an die Erben des Stifters zurückfalle. Die englischen Juristen dachten damit die Kontinuität des Rechtes und die Rechtmäßigkeit der tatsächlichen Eigentumsverteilung zu retten. Die deutschen Reformatoren hielten sich enger an die Grundsätze des kanonistischen Rechtes, indem sie verlangten, daß das Kirchengut seinen ursprünglichen, religiösen und sozialen Zwecken erhalten werde mit den Modifikationen, die durch die Entartung der kirchlichen Institute gerechtfertigt schienen, wenn der wahre religiöse Zweck des Stifters verwirklicht bleiben solle. In England wurde trotz der juristischen Fiktion der Willensakt des Stifters und damit sein Verfügungsrecht vernichtet, auf dessen Unzerstörbarkeit sich die Rückfalltheorie berief, weil die Motive des Stifters mißachtet wurden. Die allgemeine, soziale oder kirchliche Willensrichtung, unter deren Einfluß der persönliche Rechtswille gestanden hatte, wurde wirkungslos gemacht. Unter dem Einflusse deutscher Gedanken gewann das religiöse, kirchliche Element erst später in der englischen Reformation größere Kraft. Die Gesetzgebung der elisabetheischen Zeit bemühte sich die sozialen Bestandteile der Eigentumsordnung auf staatlicher Grundlage zu rekonstruieren. Indes der privatrechtliche Eigentumsbegriff und der Geist der common law erwiesen sich als stärker: Blackstone war die soziale Natur des Kirchenvermögens unverständlich. Auch das revolutionslose England hat in Wirklichkeit seine Revolutionen gehabt, und der latente Rechtsbruch wirkte tiefer als der offene. Das Gespenst des begangenen Unrechtes konnte nicht sterben, gerade wegen der historischen Orientierung der englischen Rechtslehre. Es wurde verdeckt, ließ jedoch die Seele der Wissenschaft kranken, indem es ihr die Fähigkeit unbedingter historischer Wahrhaftigkeit und unbefangener Selbstprüfung nahm. Aber die Kritik, die sich gegen die tatsächliche Bodenverteilung richtete, vermochte eine historische Rüstung anzulegen. Sie war wirksam, weil sie nicht nur in abstraktem Gewande erschien, sondern die geschichtlichen Grundlagen der Besitzverteilung prüfte. Die Eigentumsidee an sich war dagegen fast unangreifbar, weil sie sich auf englischem Boden mit dem Begriffe subjektiver, rechtmäßig erworbener Rechtsansprüche deckte. Die Kühnheit des englischen Agrarradikalismus wurzelte in historischem Boden, in der Erinnerung an traditionelles Unrecht, die sich allerdings wegen der kirchlichen Ideen des Radikalismus mit Vorliebe an ältere Umwälzungen der Eigentumsordnung anlehnte[1].

Das Korporationsrecht ist nicht die geschichtliche Entfaltung des Körperschaftsbegriffes, „der Denkform für die selbständige Rechtswesenheit der aus einer Vielheit von Rechtswesen bestehenden Einheit“. Gestaltungskraft hat nur der Rechtszweck, der aus historischen und ökonomischen Notwendigkeiten hervorwächst. Er wird zum Rechtsbegriffe, d. h. er nimmt eine logische Form an, die jedoch nur so lange einleuchtende Gestalt und geistig-zwingende Kraft besitzt als die Bedingungen der Erneuerung des Rechtszweckes fortdauern. Zwecke, die aus notwendigen, individuellen oder gesellschaftlichen, geistigen und ökonomischen Bedürfnissen hervorgehen, lassen sich nicht von der Gestaltung des allgemeinen Rechtslebens ausschließen. Es ist ein charakteristischer Zug der englischen Rechtsgeschichte, daß zuerst und fast widerstandslos der Zusammenschluß dinglicher Eigentumsrechte, die kapitalistische Machtvereinigung zu Produktionszwecken, mochte sie sich nun in der Gestalt der individuellen Großunternehmung oder der Aktiengesellschaft vollziehen, anerkannt, erst später und nach schweren Kämpfen die Freiheit der persönlichen Assoziation, zunächst in der Form der kirchlichen Gemeindebildung, noch später in der Form der Arbeiterkoalition zugestanden wurde.

Die alten kaufmännischen Gesellschaften waren Korporationen, die der Staat für handelspolitische Zwecke bildete oder erlaubte. Die neuen Aktiengesellschaften, die jointstocks, waren dingliche Kapitalvereinigungen. Sie traten dem Rechte und der Rechtswissenschaft als Tatsachen gegenüber. Hilflos und ohne kritische Bedenken sah die Jurisprudenz zu, wie ihre grundlegenden Begriffe: individuelles Eigentum und individuelles Verfügungsrecht, einen neuen Inhalt erhielten und wie die Grundlage ihres volkswirtschaftlichen und rechtlichen Systems, die Individualität des Einzelbetriebes, vernichtet wurde. Mühsam aber mußte die Freiheit der persönlichen Asso-

[1] Daß das keine allgemeinen Konstruktionen sind, wird jeder zugeben, der die Geschichte des englischen Agrarradikalismus kennt, nur vermied er die Reformation zu diskreditieren. Die Säkularisation des Kirchengutes ist im Texte zum Ausgangspunkt gewählt, weil die juristische Apologetik an sie anknüpfte.

ziation der Gesetzgebung und der gerichtlichen Rechtsbildung abgerungen werden; indes jeder Sieg des Koalitionsrechtes bedeutete einen Schritt auf dem Wege der inneren Umbildung des englischen Rechtes, dessen persönliches Rechtsprinzip das Herrschaftsgebiet der dinglichen Rechte einschränkte.

Es gibt Probleme, die mit der Rechtsordnung selbst gegeben sind und bei jeder Umbildung des Rechtes wiederkehren. Das englische Recht hatte die individualistische Ausnutzung des Eigentums durch die volle Verantwortlichkeit des persönlichen Vermögens und seines Ertrages ergänzt. Um sie zu sichern, hatte die Jurisprudenz einen langen Kampf gegen aristokratische und grundherrliche Standesvorrechte durchgefochten. Aber die geistige Fortbildungsfähigkeit der Rechtswissenschaft war erstorben. Sie vermochte ihre eigenen Prinzipien den neuen wirtschaftlichen Phänomenen gegenüber nicht durchzuführen. Denn gebannt einerseits an das Bild der Substanz des neugebildeten Vermögenskomplexes und anderseits an den Gedanken der Individualisierung der Vermögensrechte, nahm sie keinen Anstoß daran, daß durch die juristisch-ökonomische Doppelnatur des Kapitals der Aktiengesellschaften, durch die Vereinigung von Eigentumsrechten zu Erwerbszwecken bei individualistischer Sonderung des Ertrages, die vermögensrechtliche Verantwortlichkeit geschwächt wurde. Der Ertrag des Verbandsvermögens verwandelte sich in Individualvermögen und hörte auf haftbar für den Verband zu sein. Je größer die Dividende war und je mehr auf Kosten der Sicherheit des Kapitals gewirtschaftet wurde, um so mehr wurde die Haftbarkeit des assoziierten Kapitals eingeschränkt. Bei der ersten großen kapitalistischen Krisis, dem Gründungsschwindel am Anfange des 18. Jahrhunderts, trat das Problem, das die Rechtswissenschaft übersah, dem Rechtsbewußtsein des Volkes nahe. Es ließ sich juristisch verdecken, weil hinter dem Kapital die Rechtspersönlichkeiten verschwanden.

Als in den Gewerkvereinen genossenschaftliches Leben nicht auf dinglicher, sondern auf persönlicher Grundlage erwachte und in einen bewußten Gegensatz zu den einseitigen Konsequenzen einer dinglichen Rechtsordnung trat, offenbarten sich der Rechtswissenschaft in konkreten Fällen von umfassender praktischer Bedeutung die Probleme, die das genossenschaftliche Prinzip einem individualistischen Rechtssystem stellt. Sie bestanden in der Notwendigkeit den individuellen Rechtswillen und die Freiheit der Rechtspersönlichkeit gegen den übermächtigen Druck eines Genossenschaftswillens zu schützen, der sich mit der ganzen Macht ökonomischer Interessengemeinschaft und den wirksamsten, äußerlich unfaßbaren Zwangsmitteln wappnete, in der Gefahr, mit der die Übermacht privater, ökonomischer Verbände die Freiheit des Staatswillens bedrohte, in der Frage der Verantwortlichkeit und Haftbarkeit

7*

der Genossenschaft uud ihrer einzelnen Mitglieder, die darum verwickelt wird, weil individuelles und genossenschaftliches Handeln und Recht häufig zusammenfließen und sich nicht einfach mechanisch nach äußeren Kennzeichen scheiden lassen. Die Spruchpraxis der englischen Gerichte ließ sich bisweilen durch kapitalistische Klasseninteressen beeinflussen. Erst neuerdings wurde der Rechtsgrundsatz anerkannt, daß Handlungen, die als Individualhandlungen straflos sind, auch als genossenschaftliche Handlungen erlaubt bleiben. Indes wer nicht einfach zwischen „sozialen" und „unsozialen" Urteilen unterscheidet, als unsozial alle Rechtsentscheidungen brandmarkt, die den Gewerkvereinen ungünstig sind, und sich so das weitere juristische Nachdenken spart, kann nicht verkennen, daß manche Handlungen erst durch ihre Häufung und Kombination und durch ihre Verbindung mit schwer faßbaren ökonomischen und psychologischen Momenten die Freiheit anderer in rechtswidriger Weise einschränken und den Grad von Gemeinschädlichkeit erreichen, der die Strafbarkeit einer Handlung konstitutiert und zwar gerade nach den Ideen, durch die das englische Strafrecht reformiert wurde. Je stärker der Genossenschaftswille den einzelnen Rechtswillen ergreift, je wichtiger die Gewerkvereine und Kapitalassoziationen für das gesamte gesellschaftliche und staatliche Leben Englands werden, desto tiefer schneiden diese Fragen in die Rechtsentwicklung und die Begriffe, auf denen sie bisher beruhte, ein. Greift zu ihrer Lösung die parlamentarische Gesetzgebung im Widerspruche mit der gerichtlichen Entscheidung ein, wie dies wiederholt geschehen ist, so ist das der Anfang eines demokratischen Staatssozialismus, wiewohl der englische Staat die organisatorische Arbeit den Arbeiterverbänden überläßt. Denn ihr Recht erscheint dann als der Ausfluß ihrer allgemeinen gesellschaftlichen und politischen Bedeutung und nicht als die Wirkung eines allgemeinen, gleichen Individualrechtes. Man möchte sagen, der Grundsatz, daß alle Verbände Staatsanstalten seien, lebte in den Organen der industriellen Demokratie, die sich des englischen Staatslebens zu bemächtigen suchte, auf.

Das dingliche Eigentumsrecht und ein Korporationsbegriff, der privatrechtlich umgebildet war und privatrechtlichen Vorstellungen diente, hatte alle Organe des englischen Staates ergriffen. Die Staatsidee selbst aber vermocht er nicht zu überwältigen. Sie lebte fort in dem starren, absoluten Souveränitätsbegriffe, den die Jurisprudenz als Erbe aus Hobbes Lehre übernahm. Auch er war zu einer Fiktion, einer Formel geworden ohne lebendigen Inhalt. Der Staatsgedanke, der in ihm Ausdruck fand, war das Gespenst des normannischen Gewaltstaates, dessen harter, von dem Rechtsbewußtsein des Volkes losgelöster Mechanismus in ihm sein letztes Schattenbild hinterließ. In dem Totenreiche kraftloser politischer Vorstellungen blieb er trozdem der mächtigste Schatten; denn er bewahrte sich die Fähigkeit sein ohnmächtiges, traumhaftes Wesen abzuwerfen, sobald er wie die Schatten der νέκυια Blut trank d. h. aufs neue von den wirksamen Kräften des Volkslebens berührt wurde. Er wußte den Korporationsbegriff von sich abzuwehren; denn auch die radikalsten Vertreter der Theorie, die den Staat zum Geschöpfe von Individualverträgen machte, erkennen einen prinzipiellen Unterschied zwischen dem primären Verbande, dem Staate, und allen sekundären Assoziationen an [1].

Die Idee der absoluten Macht und Freiheit des Staates lehnte sich an das Parlament und im Volksbewußtsein an das Unterhaus an, an das Organ des englischen Staates, das trotz der privatrechtlichen Lähmung der politischen Institutionen den Zusammenhang mit dem Volksleben und die Erneuerungsfähigkeit bewahrt hatte. In dem Parlamente sah die juristische Theorie den Träger der vollen, absoluten Souveränität, nicht nur einen Inhaber einer Summe feststehender Rechte. Vor ihm machte die politische Korporationslehre Halt oder erstarrte zur leeren Formel; seine Macht kann nicht auf einem Vertrage beruhen, weil es selbst den Rechtswillen aller Engländer zusammenfaßt, also den Vertrag mit sich selbst schließen müßte. Wenn die Juristen das Parlament einmal die große Korporation des Reiches nennen, so ist das nur eine unklare geschichtliche Erinnerung. Die Parlamente fühlten sich als Korporationen, so lange sie um ihre Vorrechte stritten und diesen die Sicherheit von Korporationsvorrechten zu geben suchten. Als das Parlament der wahre Träger der Souveränität wurde, vermied auch die Theorie die privatrechtliche Konstruktion auf es anzuwenden.

Freilich war die Übertragung des absoluten Staatsgedankens auf das Parlament nicht mehr als eine Idee, ja nicht immer eine ganz klare Idee; denn durch die Teilung des Gesetzgebungsrechtes war die absolute Gewalt innerlich gelähmt, und da das englische Staatsrecht sich im Kampfe gegen den königlichen Absolutismus ausbildete, so schienen die Schranken des Königtums auch die Schranken der Gewalt, die an seine Stelle trat, ja dieSchranken der Staatsgewalt überhaupt zu sein. Praktisch unterwarf sich das Parlament der Herrschaft des dinglichen individuellen oder korporativen Eigentumsrechtes. Dieses war maßgebend bei der Bildung des Unterhauses, d. h. bei derBildung des angeblichen Volkswillens. Das

[1] Darum darf man aber nicht den englischen Staat „einen in der Entwicklung stecken gebliebenen Korporationsbegriff" nennen, als ob ein in der Entwicklung stecken gebliebener Korporationsbegriff die Taten vollbringen könnte, die die Geschichte des englischen Staates erfüllen.

Wahlrecht war eine Pertinenz des Grundeigentums. Das Unterhaus war keineswegs die Einheit der lebensfähigen Verwaltungskörperschaften des Landes, sondern die Vertretung des Grundeigentums und der in erstarrten Korporationen gegliederten städtischen Eigentumsmacht, die sich wie das Korporationsrecht selbst in erstarrte Individualrechte auflöste. Das Wahlrecht wurde zu einem individualisierten, von einer Person ausgeübten Rechte dinglichen Ursprungs, das mit dem Eigentum, an dem es haftete, übertragen werden konnte; sein wahrer Träger war die Eigentumssubstanz, die den Willen des Wahlberechtigten affizierte und bestimmte. Das gab die apologetische Theorie zu, indem sie das Unterhaus eine Vertretung der Eigentumsinteressen nannte. Das Gesamtwahlrecht des Volkes war die Summe politisch verwerteter und ausgestalteter Eigentumsrechte, aber der Eigentumsrechte einer veralteten, absterbenden Eigentumsordnung. Diese Erstarrung des wichtigsten politischen Rechtes verriet sich in dem unlösbaren Widerspruche zwischen den Rechtstatsachen und dem Prinzip der Volkssouveränität, auf das sich die herrschende, staatsrechtliche Theorie berief, einem Widerspruche, den die Reformforderungen längst erkannten, deren Berechtigung selbst der konservative Blackstone zugab. Die Erstarrung verriet sich in dem Mangel an organisatorischer Kraft, den das Staatsrecht mit dem gleichzeitigen Privatrechte teilte: nicht einmal der Gedanke, der der Verteilung des Wahlrechtes zugrunde lag, wurde klar erfaßt und sicher durchgeführt, weil das Recht seine geistige Gestaltungskraft verloren hatte. Von einer Abstufung des aktiven Wahlrechts nach den finanziellen Leistungen für öffentliche Zwecke oder nach dem ökonomischen Inhalte des Eigentums war nicht die Rede [1]. Der Zensus blieb unverändert trotz der Veränderung des Geldwertes, wodurch zahlreiche abhängige Zwergeigentümer zu Wählern wurden. Die praktischen Reformversuche beschränkten sich auf Verbote von Wahlfälschungen, dolosen Scheineigentumsübertragungen zu Wahlzwecken und Bestechungen. Blackstone bemerkt von ihnen: „ihnen fehlt zur Erreichung ihres löblichen Zwecks nur die Ausführung." Sie blieben wirkungslos, weil die Unehrlichkeit das einzige Mittel war das Resultat der Wahlen im Einklang mit der sozialen Machtverteilung, dem wirklichen Prinzip der Bildung des Unterhauses, zu halten, so lange der fiktive Charakter des englischen Staatsrechtes es verhinderte seine wahre Natur auszusprechen. Dieser Mangel an Entwicklungsfähigkeit desorganisierte die gesamte Staatsverwaltung. Das mobile Kapital und seine

---

[1] Das Pluralitätswahlrecht, das Besitzern von Grundstücken in verschiedenen Wahlkreisen zusteht, gehört nicht dahin, sondern ist eine Folge und ein Überbleibsel des dinglichen Charakters des Wahlrechtes.

Träger traten dem Grundeigentum als gleichberechtigte und dann als überlegene wirtschaftliche Macht zur Seite. Es gelang dem englischen Staate aber nicht sie zum Organ einer erweiterten Selbstverwaltung zu machen, die die Selbstverwaltung der Grundaristokratie ergänzt hätte, die unter veränderten ökonomischen Verhältnissen die sozialen Aufgaben der staatlichen Verwaltung nicht mehr erfüllen konnte. Die kapitalistischen Rücksichten ließen ein politisches Pflichtgefühl nicht aufkommen, weil sich das Kapital als eine rein wirtschaftliche Macht und Herrschaft bildete. In den industriellen Bezirken, in denen das mobile Kapital die Herrschaft über das gesellschaftliche Leben gewann und in denen die aristokratische Verwaltungsorganisation versagte, trat unter einer polizeilich geglätteten Oberfläche ein Zustand der Anarchie und Rechtlosigkeit ein, der der Negation der wirksamen Staatsidee entsprach.

In den Wahlreformen des 19. Jahrhunderts trug das persönliche Prinzip des englischen Rechtes seinen entscheidenden Sieg davon.

Seit 1867 hat das Wahlrecht aufgehört eine Pertinenz des Grundeigentums zu sein und ist eine Pertinenz der Rechtspersönlichkeit, ein persönliches Recht geworden; es ist gleichzeitig aus dem Banne erstarrter, korporativer Bildungen befreit worden. Das ist das Wesen der Sache; der einfache Vorgang spielte sich in verwickelten und unübersichtlichen Formen ab, weil die privatrechtliche Verbildung des englischen Staatsrechtes das Wahlrecht zu einem unantastbaren, wohlerworbenen, dinglich-subjektiven Rechte gemacht hatte. Deshalb blieben die alten Wahlrechtsqualifikationen formell bestehen; das Wahlrecht der freeholders und der Hausbesitzer wurde nicht angetastet; es wurde durch eine Erweiterung der Begriffe und eine Vermehrung der Qualifikationen ausgedehnt, tatsächlich von seiner ökonomischen Basis losgelöst, seiner Exklusivität beraubt und der paralysierenden Wirkung anderer Stimmen ausgesetzt. Nicht das Eigentumsrecht, sondern die opinion, die Volksüberzeugung, sollte vertreten sein, der schon der ältere Liberalismus, die Theorie Lockes und Humes, vermöge einer staatsphilosophischen Fiktion rechtbildende Kraft zuschrieb, ohne ihr ein wirksames Organ oder staatliches Bildungsgesetz verschaffen zu können.

Die Wahlreform bedeutete die Auferstehung der Staatsidee, ihre Rückkehr aus der Welt der Ideen und Fiktionen in die Wirklichkeit des gesellschaftlichen Lebens: denn sie befreite den Staatswillen, den sich das Rechtsbewußtsein als Gesamtwillen des Volkes vorstellte, von den Fesseln eines traditionellen, dinglichen Rechtssystems und gab ihm seinen Absolutismus und seine Aktivität, seine Herrschaft über die formellen rechtlichen Bedingungen des sozialen Lebens zurück. Die Emanzipation des Gesamtwillens war begleitet und getragen von der

Emanzipation der Rechtspersönlichkeiten. Ihre Gesamtheit bildet nun den Körper des Staates, ihr Recht gründet sich auf ihre aktive Teilnahme an der Produktion, durch die die überlieferte Eigentumsordnung ihren Wertinhalt, das Leben der Gesellschaft seinen Bestand erhält. In der privaten Rechtsbildung und den ökonomischen Prozessen, die einer festen juristischen Form bedurften, während die alten Formen ihrem Wesen nicht mehr entsprachen, vollzog sich die neue Staatsbildung. In der demokratischen Umgestaltung und der Befreiung des Staatswillens erhielt sie eine adäquate Form, durch die die spontane organisatorische Arbeit im Innern der Gesellschaft schließlich auf den Staat zurückwirkt und in dem Absolutismus und der Ungebundenheit des formellen Staatswillens eine ultima ratio hat. Aber lebensfähig und wirksam wurde sie nur durch die Umgestaltung des Inhaltes der privatrechtlichen Verhältnisse.

In der liberalen Theorie erscheint der Staat als das Organ und Werkzeug der Individuen und ihrer Zwecke. Man kann den Grundsatz umkehren: die Individuen waren und blieben die Organe der neuen Rechts- und Staatsbildung. Das lag im Geiste des englischen Rechtes, das sich auf der Aktivität der Individuen aufbaute und die Ausübung jedes Rechtes an ein subjektives, persönliches Eigentumsrecht band. Der Individualismus ist in England nicht eine überlebte Theorie, sondern die Folge und das Gesetz der geschichtlichen Entwicklung, weil der historische Staat, die Organisation des königlichen Absolutismus und die Organisation der grundbesitzenden Aristokratie das Volksleben von außen beherrschte und die arbeitende, produzierende Gesellschaft als Objekte seiner Machtansprüche behandelt hatte. Die Individuen waren ihrer eigenen Ohnmacht und ihrer eigenen Kraft überlassen. Die Gesetzgebung der ersten Revolution vermochte die Allmacht des common law, des Systems feststehender privater Eigentumsrechte, in dem jedes Recht, um zum Rechte zu werden, sich zuerst in eine historische Tatsache verwandeln mußte, nicht zu erschüttern. Aus sich heraus mußten die Individuen das Recht und den Staat schaffen, durch die die Rechtspersönlichkeiten die Elemente der Rechtsordnung wurden und der Staat den universalen Verband freier Persönlichkeiten bildete. Sie schufen das Recht und den Staat, die in den Rechtsideen und den Fiktionen der Theorie schon lange vor ihrer Verwirklichung lebten und zwar in jedem der Grundsätze, mit denen die politische Apologetik die Allmacht des Parlamentes rechtfertigte: das Parlament ist die Vertretung des Volkes, der Gesamtheit gleichberechtigter Individuen, also muß es durch ein allgemeines Wahlrecht gebildet werden; das Parlament vertritt die Summe aller Interessen, also darf kein Interesse von der Repräsentation ausgeschlossen sein, am wenigsten das Interesse der Pächter und der Arbeiterbevölkerung; jeder rechtsfähige Engländer muß an der Abfassung der Gesetze, die ihn binden sollen, beteiligt sein, also ist jede Einschränkung des Wahlrechtes eine Rechtsverkürzung.

Die Fälschung der wahren Volksüberzeugung durch den Mechanismus der Parteiorganisation und den Einfluß der Berufspolitiker, die Beobachtung, daß eine geringe Verschiebung innerhalb des Stimmenverhältnisses bei den Wahlen, also eine an sich nicht bedeutende Modifikation der Volksüberzeugung, einen radikalen Wechsel des politischen Systems verursachen kann, das sind die Fragen, mit denen sich die Führer des siegreichen Liberalismus quälten. Das tiefere Problem trat zurück: vermochte die Staatsidee auch in dem Bewußtsein der Individuen, die zu Trägern der staatlichen Funktionen berufen waren, aufzuerstehen, nachdem eine lange Entwicklung und Gewöhnung in dem Rechtsbewußtsein, dem Rechtswillen und dem wirtschaftlichen Denken die allgemeinen Momente zurückgedrängt hatte, durch die das Einzelrecht und der Einzelwert mit der allgemeinen Rechtsordnung und dem allgemeinen Wertsystem zusammenhängt? Das Wahlrecht ist ein subjektives persönliches Recht und wird als solches empfunden; bei der Bildung des Staatswillens soll es allgemeinen, staatlichen Zwecken dienen. Von dem Grundsatze der persönlichen Interessenvertretung ist die Parlamentswahl beherrscht; der Gesamtwille aber soll sich über die persönlichen und Klasseninteressen erheben. Ist die Gesamtheit der Individuen der Träger der Staatshoheit, dann müssen die Individuen in sich das staatliche Verantwortlichkeitsgefühl tragen. Sonst wird der demokratische Grundsatz zu einem mechanisch-numerischen Prinzip. Dieses politische Verantwortlichkeitsgefühl wird bei der Internationalität der ökonomischen Beziehungen und der Selbständigkeit des wirtschaftlichen Lebens weit weniger durch das unmittelbare persönliche Interesse erzeugt als in den Demokratien des Altertums. Die Überwältigung der schwächeren Interessen durch die stärkeren kann vielleicht durch Kompromisse in erträglichen Schranken gehalten werden, aber nie die Einheit der Interessen herstellen, auf der sich die Einheit des Staates und des Rechtes aufbaut.

Die neuere Geschichte Englands ist die Geschichte eines Volkes, das sich aus tiefem Verfalle emporarbeitet. Denn ein tiefer Verfall und weiter nichts war die Herrschaft der erstarrten, dinglichen Eigentumsrechte, des Kapitals und des parlamentarischen Klassenstaates; er trat zutage nicht nur in der Desorganisation der Verwaltung, der Stagnation des Rechtslebens und in den Zuständen, bei deren Schilderung die englische empiristische Geschichtsschreibung ein überwältigendes Material zusammengebracht hat, sondern in dem ungelösten Widerspruche zweier Rechtsprinzipien, von denen das eine die Wirklichkeit, das andere das Bewußtsein gestaltete, in dem Gegensatze von Wirklichkeit und Rechtsideen, dem Scheincharakter des gesamten Rechtslebens. Denn damit das positive Recht überhaupt als Recht erscheinen konnte, mußte den Rechtsfiktionen eine erlogene Realität beigelegt werden. In diese Welt der Fiktionen ließen sich Rechtswissenschaft, Geschichtsforschung, Staatsphilosophie drängen, und nur die Nationalökonomie vermochte die Tatsachen, weil sie sie von dem Rechtsleben sonderte, in ihrer wahren Gestalt zu sehen.

Das Staatsleben wurde von diesem unwahren, fiktiven Charakter ergriffen. In dem Einzelleben und dem Bewußtsein verschwand aber der Gegensatz zwischen Wirklichkeit und Rechtsidee nicht, wie sorgfältig auch die Theorie das Geheimnis zu verdecken suchte. England war in einem Zustande, in dem das Recht der Wall des Unrechtes zu werden drohte, des Unrechtes nicht in einem absoluten Sinne, der keine Berechtigung hat, sondern im Sinne eines Gegensatzes zwischen realen Rechtszuständen und lebendigen, wirksamen Rechtsvorstellungen, mögen diese nun das Resultat ökonomischer Verhältnisse oder geistiger, sittlicher Kräfte sein.

Die Empfindung eines unlösbaren Gegensatzes von Recht und Rechtsidee, der Gedanke der Unvereinbarkeit von Gedankenwelt und Außenwelt, das Gefühl des unvereinbaren Widerspruches von sittlicher Forderung und Wirklichkeit ist der Boden des Anarchismus, der Skepsis und der Verzweiflung. Dafür, daß solche Stimmungen in der Tiefe des Bewußtseins mächtig waren im Gegensatze zu dem gezwungenen Optimismus, den die Aufklärung zur Schau trug, und daß sie sich zu einem düsteren, herben Pessimismus zu steigern vermochten, legt die nationale Dichtung, die die verborgenen Regungen der Seele auszusprechen vermochte, und die Religion, die die finstere Lehre von dem unbarmherzigen deus absconditus, von der Prädestination, zu einem Bestandteil des kirchlichen Dogmas machte, Zeugnis ab. Aber wie die englische sensualistische Wissenschaft, die von Anfang an vor den Pforten des Skepsis stand, diese nicht überschritt, weil ihr das Bewußtsein der Notwendigkeit ihres Denkens nicht verloren ging, so bewahrte sich das englische Volk den Glauben an die Kraft des Rechtes; an die absolute Gültigkeit der Rechtsformen klammerte sich das unzerstörbare Verlangen nach Recht. Von ihm gestützt und geleitet, schufen das individuelle Rechtsbedürfnis und der individuelle Rechtsglaube den Rechtsideen wirksame politische und juristische Formen. In einem gesunden Volksleben wurde der Gegensatz von tatsächlichem Rechte und Rechtsideen zu einer Kraft, die die Fiktionen einer unwahren, kritiklosen Wissenschaft überwand.

Der Radikalismus ist in England nicht nur doktrinär und kritisch, sondern praktisch und positiv. Er hat das historische

Recht auf seiner Seite, nicht nur weil er den Kampf um die Geltung des persönlichen Rechtsprinzips gegen die Alleinherrschaft der dinglichen Eigentumsmacht aufnahm, der in wechselnder Gestalt die englische Geschichte durchzieht zunächst in kirchlich-religiöser Form in den Angriffen der Lollharden auf die Verweltlichung und Verdinglichung des geistlichen und des weltlichen Amtes, in den Versuchen der Independenten das geistliche Amt von den dinglichen Patronatsrechten zu befreien, die kirchliche Vereinsbildung auf der Freiheit des persönlichen Willens aufzubauen und von dieser Grundlage aus das Gemeinleben umzugestalten, auch nicht weil er selbst wie jedes historische Phänomen ein notwendiges Erzeugnis der Geschichte ist. Sondern der Radikalismus in seinen verschiedenen Richtungen führte die Rechtsgedanken, die die Rechtswissenschaft zu Fiktionen verblassen ließ, in die Wirklichkeit des staatlichen, rechtlichen und gesellschaftlichen Lebens ein. Die klassische Nationalökonomie tat dabei die Dienste einer geistigen Mäeutik, indem sie die Individuen über die Rolle aufklärte, die sie und ihre soziale Lebensäußerung in der ökonomischen Welt und in der Wertbildung spielten, während die politische und ökonomische Energie des englischen Volkes das lähmende Bild der unerbittlichen, wirtschaftlichen Notwendigkeit übersah, das eine zum ökonomischen Fatalismus werdende soziale Prädestinationslehre ihm vorhielt. Das ist die Rechtsentwicklung, in der England heute noch steht. Ihr Ende vorauszusagen ist nicht die Aufgabe der Wissenschaft, der die Prophetenrolle versagt ist, weil ihr Beruf die Erkenntnis der Tatsachen und ihrer Notwendigkeit bleibt.

Doktrinär wird der englische Radikalismus erst, wenn er in eine Welt verpflanzt wird, in der eigenartige Rechtsvorstellungen, eigenartige politische Gedanken und eigenartige geschichtliche und ökonomische Zustände wirksam sind. Die Hypothese von der Vorbildlichkeit der englischen Entwicklung mag sich auf zahlreiche Beobachtungen berufen; indes das Spiel mit geschichtlichen Analogien ist eine unterhaltende Übung des Geistes und keine wissenschaftliche Erkenntnis, die jedes Objekt in seiner Eigenart zergliedern muß und einen Gegenstand, der sich von außen betrachten und daher leichter erkennen läßt als das eigene Wesen, höchstens zu einer vergleichenden Verdeutlichung verwenden kann. Der Staat ist zugleich eine geschichtliche Tatsache, ein äußerer Zustand und eine geistige Macht. Je intensiver das staatliche Recht die Individuen ergreift, je umfassender die Tätigkeit des Staates wird, desto wirksamer muß die Verschiedenheit der Vorstellungen werden, in denen sich die Abgrenzung der individuellen und der allgemeinen oder politischen Rechte, Interessen und Funktionen, also die Eigenart eines Staatswesens, ausprägt.

FSC
www.fsc.org
MIX
Papier | Fördert
gute Waldnutzung
FSC® C083411

Kolibri 360 GmbH
Ferdinand-Jühlke-Straße 7
99095 Erfurt, Deutschland
produktsicherheit@kolibri360.de

Druck:
CPI Druckdienstleistungen GmbH
im Auftrag der
Kolibri 360 GmbH
Ferdinand-Jühlke-Str. 7
99095 Erfurt